Martin Rößler

Liedermacher im Gesangbuch

Band 2

calwer

ctb calwer taschenbibliothek 5

Martin Rößler

Liedermacher im Gesangbuch

Band 2:
Paul Gerhardt
Johann Rist
Johann Scheffler
Joachim Neander
Gerhard Tersteegen
Nikolaus Ludwig Graf von Zinzendorf

Mit Bildern von Rainer Fest

Calwer Verlag Stuttgart

Unseren Kindern
Immanuel und Anselm

CIP-Titelaufnahme der Deutschen Bibliothek

Rössler, Martin:
Liedermacher im Gesangbuch / Martin Rössler. – Stuttgart :
Calwer Verl.

Bd. 2. Paul Gerhardt, Johann Rist, Johann Scheffler, Joachim Neander, Gerhard Tersteegen, Nikolaus Ludwig Graf von Zinzendorf. – 1990
(Calwer Taschenbibliothek ; 5)
ISBN 3-7668-3063-5
NE: GT

ISBN 3-7668-3063-5

Umschlag: Wolfgang Kern, Ludwigsburg
Satz: Typobauer Filmsatz GmbH, Ostfildern
Druck: Gutmann + Co., Heilbronn
Verarbeitung: Verlagsbuchbinderei W. Weber, Plüderhausen

Denn es liegt viel daran, daß einer wisse,
was und warum er singe . . .

Der vorliegende zweite Band der LIEDERMACHER IM GESANGBUCH stellt Weg und Werk von sechs großen Dichtern des 17. und 18. Jahrhunderts dar. Einerseits die drei Meister des Wortes um das Jahr 1650: Gerhardt, Rist und Scheffler; andererseits die drei Hauptrepräsentanten der verschiedenen Richtungen des Pietismus: Neander, Tersteegen und Graf von Zinzendorf. Für die Art der Ausführung und die Möglichkeit des Gebrauchs sei auf die Einführung im ersten Band verwiesen.

Inhalt

Paul Gerhardt

1607–1676

Unter allen, die da leben,
hat ein jeder seinen Fleiß
und weiß dessen Frucht zu geben;
doch hat der den größten Preis,
der dem Höchsten Ehre bringt
und von Gottes Namen singt.

Unter allen, die da singen
und mit wohlgefaßter Kunst
ihrem Schöpfer Opfer bringen,
hat ein jeder seine Gunst;
doch ist der am besten dran,
der mit Andacht singen kann.

Gerhardts Widmungsgedicht für
Vier geistliche Lieder
von Joachim Pauli, Berlin o. J. – wohl 1665

Paul Gerhardt! – schon der bloße Name klingt wie Orgelton und Glockenschall, so beginnt Ernst Kochs 1907 seine Biographie. Die Menge der *Huldigung für Paul Gerhardt* (Kurt Ihlenfeld) ist nicht zu zählen. *Es ist mir immer, als ginge die Sonne auf, wenn der Name in mein Gedächtnis tritt ...*, bekennt Rudolf Alexander Schröder. Einen *Winter mit Paul Gerhardt* beschäftigt sich Albrecht Goes. Kinderzeit und Elternhaus, Heimat und Gemüt verbinden sich mit seinen Versen. *Ich mußte meiner Mutter immer aus einem alten Andachtsbuch den Abendsegen vorlesen, der gewöhnlich mit einem geistlichen Lied schloß. Da las ich eines Abends das Lied von Paul Gerhardt, worin der schöne Vers ›Die*

Paul Gerhardt
1607 – 1676

güldnen Sternlein prangen am blauen Himmelssaal ...‹ vorkommt. Das Lied, vorzüglich aber dieser Vers, ergriff mich gewaltig, ich wiederholte es zum Erstaunen meiner Mutter in tiefster Rührung wohl zehnmal (der Dramatiker Friedrich Hebbel). Noch ins Gefängnis dringt seine Stimme: ... *Dagegen ist es gut, Paul-Gerhardt-Lieder zu lesen und auswendig zu lernen, wie ich es jetzt tue* (Dietrich Bonhoeffer am 14. 4. 1943) ... *In den ersten 12 Tagen, in denen ich hier als Schwerverbrecher abgesondert und behandelt wurde – meine Nachbarzellen sind bis heute fast nur mit gefesselten Todeskandidaten belegt –, hat sich Paul Gerhardt in ungeahnter Weise bewährt* (am 18. 11. 1943) ... *Zwar beschäftigen mich die theologischen Gedanken unablässig, aber es kommen dann doch auch Stunden, in denen man sich mit den unreflektierten Lebens- und Glaubensvorgängen genügen läßt. Dann freut man sich ganz einfach an den Losungen des Tages ..., und man kehrt zu den schönen Paul-Gerhardt-Liedern zurück und ist froh über diesen Besitz* (am 21. 7. 1944). An unserem Gesangbuch selbst kann man seine Bedeutung ablesen: ein Kopf-an-Kopf-Rennen zwischen Luther und Gerhardt. Beide haben zum Stammteil des Evangelischen Kirchengesangbuchs (EKG) 30 Lieder beigetragen, 7,6 % des Gesamtbestandes. Zählt man aber die Strophen, ist der Wettlauf entschieden: Gegenüber 163 von Luther sind es deren 327 von Gerhardt, mehr als das Doppelte. Rechnet man das weitere halbe Dutzend an Liedern in den landeskirchlichen Regionalteilen hinzu, wird es vollends klar: Gerhardt ist der Spitzenreiter, der ausgesprochene Publikumsliebling. Wenn überhaupt, dann sind es vornehmlich seine Verse, die im Gottesdienst, in Schule und Haus, bei Chorabenden und auf Wanderungen im Grünen, im stillen Kämmerlein und am Krankenbett gesungen, gelesen und gelernt, zitiert und rezitiert werden. Manchmal ertappt man sich dabei, daß man einen Glaubenssatz nicht im Wortlaut der Bibel, sondern in seiner Formulierung ausdrückt; manchmal sagt man eine Sentenz, die durch ihn zum Sprichwort geworden ist – so nahe rückt er uns.

In krassem Gegensatz zu seiner Bedeutung und Beliebtheit steht sein fast unauffälliger, durchschnittlicher Lebenslauf. Paul Gerhardt wird 1607 im bäuerlich behäbigen Landstädtchen Gräfenhainichen geboren, 23 km südlich der Lutherstadt Wittenberg in Richtung Halle. Sein Vater ist vermögender Ackerbürger, Gastwirt und zeitweiliger Bürgermeister; seine Mutter stammt aus dem Hause eines Superintendenten. Eine überschaubare Welt in dem kaum 1000 Seelen zählenden Flecken; man kennt sich und pflegt den persönlich nachbarschaftlichen Kontakt. Stall und Scheune, Gärten und Bäume, weiter draußen Feld und Wald – Natur wird unverstellt als Schöpfung Gottes und Gleichnis des Ewigen erlebt. Abend und Morgen sind elementare Ereignisse; kein elektrisches Licht erhellt die Nacht zum Tage. Diese Grunderfahrungen bestimmen ihn sein Leben lang, selbst wenn er in der Residenz, in der Reichshauptstadt, wohnt und wirkt. Die ersten geistigen Anregungen bekommen die jungen Kinder im Verbund von Kirche und Schule. Sie singen bei Gottesdiensten, Trauungen und Begräbnissen, wohl auch figuraliter im mehrstimmigen Chor, und mit den Lese- und Schreibübungen nehmen sie die unumstrittenen Lehr- und Glaubensinhalte in sich auf. Als Paul 12 Jahre alt ist, stirbt der Vater, die Mutter zwei Jahre später. Das elterliche Anwesen samt der Wirtschaft wird offensichtlich gewinnbringend weiterbetrieben, denn die beiden Söhne Christian und Paul können an eine wissenschaftliche Ausbildung denken; die jüngeren Schwestern Anna und Agnes werden wohl bei Verwandten untergebracht.

1622 besucht er – mit 15 Jahren – die jüngste der drei berühmten sächsischen Fürstenschulen in Grimma. Ehemals ein

Augustinerkloster, jetzt ein Internat mit 96 Alumnen, *darinnen die Jugend zu Gottes Ehren und Gehorsam erzogen, in den Sprachen und Künsten und vornehmlich in der Heiligen Schrift gelehrt und unterwiesen werde, auf daß es mit der Zeit an Dienern der Kirche und andern gelehrten Leuten in unsern Landen keinen Mangel gebe*, lautet die Stiftungsurkunde. Klösterlich streng ist denn auch die Erziehung und Bildung. Die Schüler hausen in den unheizbaren, dunklen Zellen, mit Kutten bekleidet und in einen unbarmherzigen Tageslauf eingespannt: ab fünf Uhr morgens Gebet, Lektion, Singen, Morgensuppe und wieder Lektionen, pauken und pauken bis zum Schlaftrunk um sieben Uhr abends. Einmal wöchentlich ein gemeinsamer Spaziergang in Reih und Glied zum Wäldchen, Heimaturlaub erst nach zweijährigem Aufenthalt und dann höchstens für zwei Wochen. Der ältere Bruder Christian hält diesen drakonischen Drill nicht durch. Er entflieht der Schule *ohne Anzeigung einiger Ursach*; als er aber zu Hause ankommt, schickt ihn der Stadtrat mit einem Boten sofort wieder zurück. Der Rektor zeigt Verständnis; *in Ansehung seines herzlichen Bedauerns* wird er bald gnädig entlassen. Paul vermag sich anzupassen; er bleibt sogar in der Schule, als die Pest ausbricht – wo soll er als Waise auch hin?

Religion und Latein bilden den Mittelpunkt des Schulalltags. Religion heißt Kenntnis der reinen Luther-Lehre, wie sie im Konkordienbuch und im Hutterschen Kompendium niedergelegt ist; und heißt Gottesfurcht, wie sie in gemeinsamen liturgischen Gebetszeiten und biblischen Lesungen bei den Mahlzeiten unablässig eingeübt wird – daß die Schüler ja *den Gedanken an Gott den ganzen Tag nicht aus den Augen verlören*, begründet der erste Rektor Adam Siber. Latein ist die alleinige Umgangs- und Bildungssprache; deutsch redet der Pöbel, nicht der Gelehrte. Die Unterrichtsmethode besteht seit Melanchthons Zeiten in der imitatio, der Nachahmung.

Man prägt die Weisheitssätze und Wortspiele, die Denk- und Sinnsprüche dem Gedächtnis ein, damit eine derart geschmückte Festrede den glänzenden Fortschritt im Bildungsstand zeigen kann. Man drechselt eigene lateinische Verse und mißt sie an den Regeln der Klassiker. Es kommt uns wie ein Wunder vor, daß Paul Gerhardt später so genial und gelöst, so meisterlich seine Gedanken in der Muttersprache auszudrücken vermag. Vielleicht hat die Musik, das Singen im Gemeindegottesdienst und im Schülerchor, mehr bewirkt, als man von außen wahrnehmen kann; die reguläre Ausbildung jedenfalls hat wenig dazu beigetragen. Sein Abschlußzeugnis – er ist inzwischen 20 Jahre alt geworden – ist in den Schulakten noch erhalten und lautet übersetzt: *Er ist von nicht geringer Begabung, beweist Fleiß und Gehorsam. Sein Stil kann zum großen Teil erträglich genannt werden, auch seine* [lateinischen] *Verslein sind erträglich* – ordentlicher Durchschnitt, kein Spitzenschüler.

1628 schreibt er sich als Student der Theologie an der Universität Wittenberg ein, Hochburg und Hort des orthodoxen Luthertums in reiner Lehre und rechtem Leben. Das bestimmt ihn zeitlebens im Denken und im Gewissen. Der große Krieg geht schon ins zehnte Jahr, aber es gibt Pausen, in denen sich das Leben wieder erholt, und Landstriche, die vom Elend noch verschont bleiben. Er kann studieren: Bibelwissenschaft und dogmatische Systematik, und diese speziell als polemische und apologetische Kontrovers-Theologie, in Abgrenzung gegen die katholische Kirche und die calvinistische Konfession. Seit 50 Jahren sieht man diesen Kampf als wichtigste Aufgabe und heiligste Glaubenspflicht an. Vielleicht hört er daneben Poetik und Rhetorik bei Professor August Buchner. Dichten wird als Handwerk verstanden, das man erlernen kann, und die Möglichkeiten zum Gelegenheitsgedicht lassen nicht lange auf sich warten. Geburtstag, Hochzeit, Amtseinsetzung und Abschied, Tod und Begräbnis – nichts ohne Verse; erhabene Momente, die den Anlaß ins rechte Licht und zugleich das eigene Können wortreich unter Beweis stellen. Vielleicht nimmt er Verbindung auf mit dem Universalgelehrten und Stadtsuperintendenten Paul Röber, von dem er später ein Lied überarbeitet.

Es bleiben viele Fragen. Von Paul Gerhardt sind nur spärliche Dokumente erhalten: einige amtliche Briefe, ein paar Predigtentwürfe. Auch seine Lieder, so anschaulich sie sein mögen, lassen kaum Rückschlüsse auf seinen Lebensgang zu. 15 Jahre lang lebt er in der Universitätsstadt: ein ewiger Student? ein schwerlebiger Spätentwickler? ein entschlußschwacher Zauderer? Sicher von allem etwas. Man kann erschließen, daß er zeitweilig als Erzieher im kinderreichen Haus des Archidiakonus August Fleischhauer tätig ist. Vor allem gerät er in die entsetzlichen Wirren des immer mehr verwildernden Krieges. Als er an Ostern 1637 einmal in die Heimat zurückkehrt, haben die Schweden den Ort in Flammen aufgehen lassen. Alles liegt in Trümmern: Kirche, Schule, Schloß, die Wohnhäuser, die elterliche Wirtschaft. Sein Bruder Christian stirbt mit 31 Jahren an der Pest. Diese Schreckensbilder von Hungersnot und Feuersbrunst, von Katastrophen und Krankheiten wird er nie mehr los; selbst in seinen hellsten Jubelliedern stehen dunkle Wolken am Horizont. Im Lied zum endlichen Friedensschluß 1648 GOTT LOB, NUN IST ERSCHOLLEN / DAS EDLE FRIED- UND FREUDENWORT (EKG 392) blickt er zurück:

Das drückt uns niemand besser
in unser Seel und Herz hinein
als ihr zerstörten Schlösser
und Städte voller Schutt und Stein;

ihr vormals schönen Felder,
mit frischer Saat bestreut,
jetzt aber lauter Wälder
und dürre, wüste Heid;
ihr Gräber voller Leichen
und blutgem Heldenschweiß
der Helden, derengleichen
auf Erden man nicht weiß. (Str. 4)

Mit einer Hochzeit beginnt Gerhardts erster Berliner Aufenthalt. Im September 1643 – er ist 36 Jahre alt – signiert er ein Lied zur Trauung von Sabine Berthold und Joachim Fromm, Archidiakonus an St. Nikolai in Berlin, noch immer mit *Paulus Gerhardus, SS. theologiae studiosus*; nicht einmal einen Magistertitel hat er in der langen Zeit erworben. Sein erstes deutsches Gedicht, bezeichnenderweise in der Luther-Strophe verfaßt, eine *Ode* in 18 Strophen, läßt schon den ihm eigenen Klang des fröhlichen Gottvertrauens ahnen:

Der aller Herz und Willen lenkt
und, wie er will, regieret,
der ists, der euch, Herr Bräutgam, schenkt,
die man euch hier zuführet.
Glück zu, Glück zu! ruft jedermann,
Gott gebe, daß es sei getan
zu beider Wohlergehen! (Str. 1)

Wie Gott will, brennen auf der Erd
die ehelichen Flammen.
Wie eins zum andern ist beschert,
so kommen sie zusammen.
Im Himmel wird der Schluß gemacht,
auf Erden wird das Werk vollbracht:
Das gibt ein schönes Leben. (Str. 3)

O selig, der, wenns Gott gefällt,
ein Wölklein einzuführen,
ein treues, fröhlich Herz behält,
läßt keinen Unmut spüren!
Ein Wölklein geht ja bald vorbei,
es währt ein Stündlein oder zwei,
so kommt die Sonne wieder. (Str. 8)

Wohlan, laß Regen, Reif und Wind
bald oder lang ansetzen!
Wer Gott liebt, bleibet Gottes Kind,
kein Fall kann ihn verletzen.
Er sitzet in des Vaters Arm,
er gibt ihm Schutz, der hält ihn warm
und spricht: seid unerschrocken! (Str. 11)

So gehet nun mit Freuden ein
zu eurem Stand und Orden.
Der Weg wird ohne Schaden sein,
der euch gezeiget worden.
Es geht ein Englein vornen an,
und wo es geht, bestreuts die Bahn
mit Rosen und Violen. (Str. 17)

Inzwischen hat Gerhardt Unterschlupf gefunden als Informator, Erzieher und Lehrer wohl der Enkelkinder im Hause des Kammergerichts-Advokaten Andreas Berthold in Berlin, dem Vater der Braut. Er drängt nicht ins Pfarramt; er zweifelt sogar, ob er dazu befähigt und würdig wäre. *Ich weiß nunmehr durch Gottes Gnade*, schreibt er später einmal im Januar 1667 an den Berliner Magistrat, *und habe es genugsam erfahren, was für Angst oftmals nur allein die große schwere Arbeit demjenigen Prediger mache, der sein Amt treulich meinet.* Er hat eine überaus hohe Auffassung vom geistlichen Amt; ihm ist bange vor der Last der Verantwortung, seine Skrupel werden immer größer. In den gehobenen Kreisen des Kulturbürgertums, in der Atmosphäre von gelehrter und kunstbeflissener Frömmigkeit dichtet er dann und wann einige Strophen für sich und seine Freunde. Kein Ehrgeiz zu öffentlicher Wirksamkeit plagt ihn, der Dichterlorbeer reizt ihn nicht; einer Sprachgesellschaft tritt er nie bei. Keinen Finger rührt er, um seine Gedichte unter die Leute zu bringen und zur größeren Ehre seines Namens im Druck herauszugeben – kein Dichter ist weniger Schriftsteller als er! Auf bescheidene Weise fristet er sein Leben und wartet ab, bis die Stunde der Berufung in einen Beruf schlägt.

Da trifft er auf Johann Crüger, den hochgebildeten Musiker und Melodisten, Kantor an St. Nikolai und Musikdirektor am Grauen Kloster. Dieser hatte 1640 das erste Berliner Gesangbuch in vierstimmigen Sätzen mit Generalbaß herausgegeben, das sich gut einführt und verkauft. Eine Neuausgabe veröffentlicht Crüger 1647 unter dem einprägsamen, zugkräftigen Titel PRAXIS PIETATIS MELICA, DAS IST: ÜBUNG DER GOTTSELIGKEIT IN CHRISTLICHEN UND TROSTREICHEN GESÄNGEN ... ZUR BEFÖRDERUNG DES SOWOHL KIRCHEN- ALS PRIVATGOTTESDIENSTES. Erstmals erscheinen 18 Gedichte Gerhardts darin, mit Weisen Crügers versehen, und solche Kostbarkeiten sind darunter wie WACH AUF, MEIN HERZ, UND SINGE und NUN RUHEN ALLE WÄLDER, EIN LÄMMLEIN GEHT UND TRÄGT DIE SCHULD und AUF, AUF, MEIN HERZ, MIT FREUDEN und das Loblied NUN DANKET ALL UND BRINGET EHR. Johann Crüger wird zum Anreger, ja zum Erwekker und Entdecker der Dichtergabe Gerhardts. Jener bittet um Texte, und dieser schreibt sie ihm. Die Arbeitsgemeinschaft des schon leicht angegrauten Theologiekandidaten mit dem um neun Jahre älteren Musikdirektor wird zur Sternstunde der Liedgeschichte.

Im Sommer 1651 fragt der Magistrat von Mittenwalde, einem kleinen Landstädtchen 20 km südlich im Spreewald gelegen, das geistliche Ministerium der Residenzstadt um einen geeigneten Prediger für die vakante Propstei an; der frühere Stelleninhaber war von den Schweden beim Gottesdienst am Altar erschossen worden. Die Pfarrerschaft empfiehlt im Ton ehrlicher Zuneigung Paul Gerhardt als eine solche *Person ..., deren Fleiß und Erudition* [Gelehrsamkeit] *bekannt, die eines guten Geistes und ungefälschter Lehren, dabei auch eines ehr- und friedliebenden Gemütes und christlich untadelhaften Lebens ist, daher er auch bei Hohen und Niedrigen unseres Ortes lieb und wert gehalten ... wird.* Von seiner Bedeutung als Liederdichter hört man nichts. Er läßt sich vom Berliner Konsistorium examinieren und ordinieren, und im kalten Winter 1652 wird er als Propst zu Mittenwalde investiert – mit 44 Jahren seine erste Pfarrstelle. Der Titel klingt vielversprechender als die Aufgabe: Er ist Prediger im bäuerlichen Städtchen von 700 Einwohnern mit einer schmalen Pfründe und Kirchspielinspektor, das heißt Schulaufseher über fünf umliegende Dörfer.

Der Friedensschluß ist zwar vollzogen, aber Land und Leute sind ausgezehrt. Die zerstampften Felder liegen brach, Vieh und Zugtiere fehlen, Hungersnöte und Seuchen breiten sich aus – eine typische Nachkriegssituation. Sein ganzer Eifer gilt dem Wiederaufbau eines geordneten Gemeindelebens. 1655 heiratet er die ihm längst bekannte und vertraute Anna Maria aus dem Berliner Haus Berthold, mit der er an die zehn Jahre unter einem Dach gelebt hat; er zählt 48, sie 32 Jahre – warum so spät? Die erste Tochter stirbt nach acht Monaten; weitere Kinder muß er in den folgenden Jahren in Berlin ins Grab legen – eine enge Nachbarschaft von Wiege und Sarg. Verstehen wir, warum die Kreuz- und Trostlieder einen so breiten Raum einnehmen? warum die Dichter und Sänger dieser Zeit um die unergründliche, so verborgene Liebe Gottes ringen? Einen Kollegen tröstet er in einem ähnlichen Fall und spricht damit seine eigenen Gefühle aus:

Ach, es ist ein bittres Leiden
und ein rechter Myrrhentrank,
sich von seinen Kindern scheiden
durch den schweren Todesgang!
Hier geschieht ein Herzensbrechen,
das kein Mund recht kann aussprechen. (Str. 2)

Auf derwegen! Seid zufrieden,
Vaterherz und Muttergeist,
lasset schlafen, was geschieden
und zu Gott ist hingereist!
Was für Tränen ihr vergossen,
wollen sein mit Trost geschlossen. (Str. 6)

1657 – er ist jetzt genau 50 Jahre alt – wird Gerhardt als Diakonus, als dritter Pfarrer an St. Nikolai, jener gotischen Hauptkirche, nach Berlin berufen. Nach einer Bedenkzeit nimmt er das Amt an *in der christlichen Hoffnung und Zuversicht, daß fromme Herzen mit fleißigem Gebet ihm zu Hilfe kämen und daß durch ein so geringes Werkzeug, als welches er sich fühle, die Gemeinde Gottes wohl gebaut werden möchte*, heißt es im Antwortschreiben an den Berliner Stadtrat – Bescheidenheit oder Schüchternheit? Johann Crüger ist nun sein Kirchenmusiker am gleichen Gotteshaus; Prestige und Finanzen sind gestiegen – ein Höhepunkt seiner Laufbahn. Von materiellen Sorgen ist er befreit und kann sich ganz den geistlichen Aufgaben widmen. Katechismusunterricht ist ihm besonders wichtig, Glaubenskenntnis, Beichte und Seelsorge. Fünf arbeitsreiche, aber friedliche und befriedigende Jahre erlebt er, bis jenes Ereignis eintritt, das für uns so schwer nachzuvollziehen ist: die Auseinandersetzung mit dem Kurfürsten

Friedrich Wilhelm, den man hernach den Großen Kurfüsten nennt.

*

Einmal muß man den Lebenslauf anhalten und sich dem Lebenswerk zuwenden, und das heißt bei Paul Gerhardt: dem Liederwerk. Das könnte zu verschiedenen Zeiten seines Lebens geschehen. Auf ihn trifft eine eigenartige Feststellung zu: Keinerlei Entwicklungsphasen sind zu erkennen, weder im dichterischen Handwerk noch in der geistlichen Aussage. Mit seinen ersten veröffentlichten Liedern von 1647 im 40. Lebensjahr – übrigens wie bei Luther – steht er als fertiger Meister da. 20 Jahre lang gibt er Gedichte von sich, sparsam, gleichmäßig bedächtig, nie explosiv oder eruptiv; und er schweigt, wenn er nichts mehr zu sagen hat. Eine weitere grundsätzliche Beobachtung: Die Fäden zwischen Leben und Werk, zwischen Erlebnis und Ergebnis sind äußerst dünn und brüchig – ebenso wie bei Luther. Gewiß streift er die Vergangenheit und verarbeitet die Gegenwart, aber seine Sprache transponiert alles ins Allgemein-Menschliche und tilgt fast jede individuelle Erinnerung. Höchstens durch das Jahr der Erstveröffentlichung läßt sich eine gewisse zeitliche Reihenfolge aufstellen.

Seine Lieder erscheinen als Beiträge im Gesangbuch, eingefügt in die verschiedenen Rubriken unter den anderen alten und neuen Autoren, unauffällig plaziert und bescheiden versteckt; der sachliche Gesichtspunkt steht über dem persönlichen. Aber er hat Glück: Johann Crügers PRAXIS PIETATIS MELICA erreicht Rekordauflagen und entwickelt sich zum führenden Gesangbuch bis weit ins nächste Jahrhundert hinein: Die 29. Auflage erscheint 1702 mit einer Vorrede

Speners, der das Buch damit dem Pietismus vererbt, und die letzte 44. Auflage von 1736 mit 1316 Liedern reicht noch in die Wirksamkeit der Aufklärung. 1647 also seine ersten 18 Lieder, in der 4. Auflage 1653 sind sie auf 64 angewachsen – eine stete Steigerung. Er wird wohl noch einen Vorrat aus der Berliner Hauslehrerzeit auf Lager gehabt und sich als Propst in Mittenwalde kräftig ins Zeug gelegt haben. Bei der 10. Auflage 1661, der letzten von Crüger betreuten, kommt er gar auf 91 Lieder. Johann Crüger hat mit seinen etwa 70 eigenen oder bearbeiteten Melodien einen erheblichen Teil zur tönenden Inszenierung des Liedguts beigetragen, für Paul Gerhardt wie für die anderen Zeitgenossen Johann Franck (Schmücke dich, o liebe Seele EKG 157; Jesu, meine Freude EKG 293) und Martin Rinckart (Nun danket alle Gott mit Herzen, Mund und Händen EKG 228). Crüger vertritt die Linie der modernen Musik: Mit dem Generalbaß, jener musikalischen Kurzschrift der Barockzeit, gibt er der solistisch empfundenen Melodie eine harmonische Stütze, und zum vierstimmigen Chorsatz fügt er zwei obligate Instrumental-Oberstimmen hinzu. Seine Motivformeln sind rhetorisch interpretierend gedacht und werden durch Tonsymbolik, ja Tonmalerei unterstrichen. Cantio-Lied und contio-Predigt rücken wieder einmal dicht zusammen. Dabei versteht er es, die Auslegung des Textes sowohl mit der gestalterischen Kunstgemäßheit wie mit der volkstümlichen Gemeindegemäßheit zu verbinden. Das macht wohl den ansprechenden Klang im Detail und den wohltuenden Fluß im Ganzen aus, die wir beim Singen seiner Melodien empfinden.

Crügers Nachfolger im Kantorenamt an St. Nikolai, der 25jährige Johann Georg Ebeling, befaßt sich in anderer Weise mit der Gerhardtschen Dichtung. Mitten im Kirchenkampf gibt er von Februar 1666 bis Mai 1667 zehn fortlaufende Hefte zu je 12 Liedsätzen heraus und faßt sie dann zusammen als Gesamtausgabe PAULI GERHARDTI GEISTLICHE ANDACHTEN, BESTEHEND IN 120 LIEDERN MIT NEUEN MELODIEN UND SECHSSTIMMIGEN SÄTZEN GEZIERT. Der Dichter holt noch einmal Altes und Neues aus seinem Schatz hervor: Zusatzstrophen zu den früheren Liedern und etwa 30 neuentstandene Gedichte. Ebelings Melodien sind im großen Stimmumfang noch arienhafter. Die vier bekannten können als wahre Meisterstücke gelten: DU MEINE SEELE, SINGE (EKG 197), WARUM SOLLT ICH MICH DENN GRÄMEN (EKG 297), DIE GÜLDNE SONNE (EKG 346) und das heute mit einem anderen Text verbundene WER KANN DER TREU VERGESSEN (EKG 307). Diese doppelte Art der Veröffentlichung von Crüger zu Ebeling zeigt wieder Gerhardts Charakter: weder Autoreneitelkeit noch Profilierungssucht. Erst als sich die Lieder im Gesangbuch bewährt haben, als sie beliebt und begehrt werden, kommt es zu einer eigenen Anthologie; nach allen Regeln der Kunst geschieht dies sonst gerade umgekehrt. Und der Dichter gibt auch dann nichts Nachdrückliches dazu: keinen Titel, keine Vorrede, keinen Kommentar; andere müssen ihm das Einzellied und die Erlaubnis zur Sammlung geradezu abnötigen.

So leicht sich der Gerhardtsche Klang zu erkennen gibt, so schwer ist es, seine spezielle Art zu beschreiben. Viele poetische Faktoren werden zur bekannten Endgestalt zusammenwirken. Man muß einmal versuchen, die Beobachtungen an einem Einzelbeispiel zu prüfen. Es soll das Adventslied WIE SOLL ICH DICH EMPFANGEN (EKG 10) sein.

In Versmaß und Strophenbau steht Gerhardt seltsam fremd und einsam in seiner Zeit. Nur einmal verwendet er den modischen Alexandriner, und es wird ein unbedeutendes Machwerk. Von den antiken Versmaßen benützt er nur einmal die sapphische Strophe, aber diese dann durch Kehrvers und andere Reimgruppierung wesentlich verwandelt: Lobet den Herren (EKG 347). Wenn er eigene Versmaße erfindet wie etwa Die güldne Sonne (EKG 346; mit vorsichtigen Anklängen des Daktylus, des hüpfenden Versmaßes mit zwei unbetont nachschlagenden Silben, hier durch die Zeilenenden motiviert), Warum sollt ich mich denn grämen (EKG 297; mit den eingeschobenen extremen Kurzzeilen) oder Gib dich zufrieden und sei stille (EKG 295), dann gestaltet er sie kunstvoll durchsichtig, aber nie künstlich geschraubt. Er liebt die einfachen erzählenden Versmaße: die Nibelungenstrophe oder den Hildebrandston in unserem Adventslied, die Innsbruck-Weise im Abendlied, die vierzeilige Hymnenstrophe. Das heißt: Mit gutem Gespür schließt er sich dem unerschöpflichen Schatz des deutschen Volks- und Kirchenlieds aus dem 16. Jahrhundert an.

Seine Sprache bevorzugt die temperierte Mittellage; kein gewaltig donnerndes Pathos, höchstens gelegentlich eine wohlüberlegte hymnische Aufgipfelung. Diese scheue Zurückhaltung bewahrt ihn vor allzu groben Geschmacklosigkeiten und stilistischen Entgleisungen, die nur ganz am Rand auftreten. Er neigt vielmehr zur gehobenen Umgangssprache, die er mühelos und scheinbar kunstlos in seinen Versen zum Klingen bringt. Aus ihr bezieht er die Anschaulichkeit und die Fähigkeit, Abstraktes bildhaft zu sagen. Man prägt sich die Strophen leicht ein und behält sie lang im Gedächtnis.

Die Emblematik, die farbenbunte Welt der Bilder und Vergleiche, setzt er im Gegensatz zu seiner Zeit recht sparsam ein, dann aber überraschend treffend und bisweilen phantasievoll kühn. In unserem Beispiel: *Die Fackel* (Str. 1, Zeile 6) steht für Erleuchtung, Aufklärung, und es werden vielschichtige Andeutungen vom brennenden Kienspan beim Gastmahl bis hin zum Symbol des Wachens und Wartens in den neutestamentlichen Hochzeitsgleichnissen ins Spiel gebracht. *Das grünende Herz* (2,5) – Naturvorgänge werden zum Sinnbild für geistliches Wachstum; *Brunnen* und *Quelle* verbildlichen Gottes unerschöpfliche Güte. Vor allem sind es immer wieder die Dimensionen von *Licht* (10,4) und *Sonne* (10,5), die den Glanz der Ewigkeit aufleuchten lassen.

Mit Hilfe der Rhetorik, des sprechenden Gestus, gibt er den Bildern die kräftigen Konturen. Er denkt grundsätzlich in Parallelstrukturen und lehnt sich damit in der Sprechweise den alttestamentlichen Psalmen und den Zwillingsformeln Luthers etwa im Kleinen Katechismus an. Die Kopula *und* wird zum häufigsten gliedernden und verbindenden Wörtlein. Das kann sich auf ganze Sätze beziehen: das paarige *Wie* (1,1f.) oder das doppelte *o* (1,3f.), das im überzähligen *o Jesu* (1,5) gipfelt; oder der synchrone Gleichklang einiger Verszeilen (Str. 4). Die Zweierbeziehung formt Adjektive *(kund und wissend* 1,8) oder Verben *(kann und weiß* 2,8), vor allem aber die Begriffspaare der Substantive: *Trost und Freud* (3,2), *Leib und Seele* (3,3). Eine Steigerung erreicht er in dieser Hinsicht durch den germanisch-volkstümlichen Stabreim, wenn er die zusammengehörigen Wörter durch den gleichen Anlaut verbindet: *Fried und Freude* (3,6), *hebst mich hoch* (4,5), *großes Gut* (4,6), *Lieb und Lust* (7,6). Oder über Verszeilen hinweg: *Zion – Zweige* (2,1f.), *Leib – Leid* (3,3f.), *Herze – Heer* (6,1f.), wobei der *h*-Hauch mit insgesamt acht Wörtern über die ganze Strophe gebreitet ist.

Manchmal kann er auch die Zusammenstellungen zu Dreiergruppen erweitern: *der Wolken, Luft und Winden / gibt Wege, Lauf und Bahn* (EKG 294,1). Will er einmal besondere Akzente setzen und die ihm wichtigen Stichworte betonen, dann setzt er das Stilmittel der unverbundenen Doppelung ein: *Jesu, Jesu* (1,5 – was mit der Melodiespitze gut zusammentrifft!); *nichts, nichts* (5,1); vor allem *er kommt, er kommt* in den

Strophen 7–9 und dann verwandelt zu *ach komm, ach komm* (10,5). Oder er wiederholt den gleichen Wortstamm in verschiedener Gestalt: *das geliebte Lieben* (5,3); *zum Fluch dem, der ihm flucht* (10,2). Auch die uns unlogisch erscheinende, aber volkstümlich beliebte doppelte Verneinung gehört zu den betonenden, verstärkenden Mitteln. Das heißt für seinen Stil: Gerhardt liebt nicht das provozierende Stakkato, sondern die ruhige Umkreisung eines Gedankens, die formale Festigung, die lyrische Beseelung, den weich und sanft fließenden Gleichklang.

Nicht minder kunstvoll gelenkt ist die Melodik der Vokale. Er spielt mit Vokalpaarungen, mit *a* in *Tag und Nacht* (7,2), *Armes Macht* (7,4), *all Angst* (7,7). Oder er reiht Vokalfolgen: *e-i-o-(u)* in *hebst mich hoch* (4,5) und entsprechend *schenkst mir großes Gut* (4,6). In Strophe 5 zu Anfang eine Explosion des *i* als Versinnlichung der göttlichen Liebe, die sich in der zweiten Hälfte in das dunkle *a* von *Jammer* senkt. Eine seltene Umlautkombination im originalen Text: *er kömmt, er kömmt, ein König* (9,5). Lautmalerisch wird der Gegensatz im Weltgericht gestaltet (Str. 10): das unheildrohende *u*, verbunden mit dem sausend schneidenden *fl: zum Fluch dem, der ihm flucht* – das helle *i*, verbunden mit dem linden, lieblichen *l: süßem Lichte, dem der ihn liebt*. Fazit aus den Beispielen: Gerhardt hat ein überaus feines Gespür für rhythmische und melodische Bewegungen, eine unwahrscheinliche Musikalität, daß er die sonst rauhe und holprige Muttersprache zu diesem warmen, wohlklingenden Fließen, zu Schönheit, Charme und Harmonie bringen kann.

Alle seine Gedichte sind lang – eine barocke Untugend; aber nicht langweilig – sein besonderes Charisma. Er hütet sich vor dem Leerlauf des Formalen. Er hat den langen Atem bis zum Schluß, er lenkt die Weitschweifigkeit spannungsvoll zum Ziel. Wenn alle Strophen eines Liedes aufgenommen sind, was in unserem Kirchengesangbuch in den wenigsten Fällen möglich ist, stellt sich meist ein logisch rationaler Bauplan heraus. In unserem Beispiel: zwei Teile zu fünf Strophen. Der erste Teil wird als Explikation im weitesten Sinn zu verstehen sein: Erklärung, Umschreibung, Bewußtmachung der Glaubensinhalte, meist zum Du Gottes hin gedacht oder sogar als Gebet an ihn gerichtet. Der zweite Teil ist Applikation: Ausweitung, Ausführung, Zudienung; eine Kehrtwendung in eine neue Blickrichtung: vor der Gemeinde (*du hochbetrübtes Heer* 6,2) oder zu einem angefochtenen Du seelsorgerlich gesprochen. Der Zielpunkt liegt fast immer in einem eschatologischen, in die Zukunft weisenden Schluß, der mit dem vorhandenen Wortmaterial vorbereitet wird: *er kommt, er kommt* (9,5) zu *ach komm, ach komm* (10,5). Oder ein anderes Beispiel: *dieser Zeit, da vor Freud* zu *voller Freud ohne Zeit* (EKG 27). Die Spannung vom gekommenen zum wiederkommenden Herrn, von der Vergangenheit zur Zukunft, und mitteninne der Trost für die Gegenwart.

*

Es ist unmöglich, auch nur annähernd den Gehalt der Gerhardtschen Lieder auszuschöpfen. Man kann nur die Stellen benennen, wo er uns etwas zu sagen hat, und dazu einladen, sich diesen Strophen meditierend anzuvertrauen. 134 Lieder und 11 lateinische Widmungsgedichte sind von Paul Gerhardt bekannt – für einen Barockdichter ein verschwindend kleines und unansehnliches Lebenswerk. Aber wenn man bedenkt: hohe Qualität und nur wenig Ausschuß, ein Viertel etwa in ständigem Gebrauch des Kirchenvolks, dann rückt er wieder ganz nach vorn. Von den 600 Liedern eines Johann Rist sind nur acht, von den 1200 eines Benjamin Schmolck nur fünf ins EKG aufgenommen. Das zeitlich Wenige erfüllt sich bei ihm in einem überzeitlich Wirksamen. Zudem sind seine Lieder thematisch so breitgestreut, daß man aus ihnen ein nahezu vollständiges Gesangbuch zusammenstellen könnte. Sein Ureigenstes gibt er, wenn er die Heilstaten des Dreieinigen Gottes mit den menschlichen Erfahrungen zusammenfügt: Objektives im Subjektiven gespiegelt, die Strenge des kirchlichen Glaubensbekenntnisses mit der Zartheit des eigenen verinnerlichten Bekennens durchtränkt, das *Ich* im *Wir* der Gemeinde dargestellt – eine überaus glückliche Synthese! Kein Dichter hat diese Gegensätze mit solch unerhörter Freiheit und unerschöpflicher Frische verbinden können.

Einen ersten Schwerpunkt bildet das Kirchenjahr. *Christus ist der Kern und Stern aller Festlieder Gerhardts* (W. Nelle). Der Rhythmus unserer Feiern ist undenkbar ohne Text und Ton, ohne Glut und Glanz, die gerade dieser Dichter über das Kirchenjahr gebreitet hat. Zum Advent neben WIE SOLL ICH DICH EMPFANGEN (EKG 10) die Anknüpfung bei 1. Mose 24,31 WARUM WILLST DU DRAUSSEN STEHEN (EKG WÜ 402).

Insgesamt sind es sieben Weihnachtslieder; auf verschiedene Weise nähert er sich dem Geheimnis der Inkarnation. Er ist beredt, aber nicht redselig. Immer baut er eigentlich *Liturgien* zusammen, die vieles umfassen: Erzählung und Diskussion, Verkündigung und Antwort, Rezitation und Rezeption, und die besonderen Affekte fängt er in unterschiedlichen Versmaßen ein. Hinter FRÖHLICH SOLL MEIN HERZE SPRINGEN (EKG 27) steht das Modell des erzählenden Krippenspielliedes: singen und tanzen in persönlicher Ergriffenheit; auch das Versmaß mit der einen Langzeile und den beiden Kurzzeilen ist eigens dafür erfunden. Das göttliche Kind selbst spricht die Einladung (Str. 5 nach Mt 11,28) zur geistlichen Wallfahrt zur Krippe aus (Str. 6–9), und dort kommt es zu Anbetung und Hingabe (Str. 10). WIR SINGEN DIR, IMMANUEL (EKG 30) ist das heilsgeschichtliche Lied: Die messianische Hoffnung wird in Titeln (Str. 1), Prophetenzitaten (Str. 4) und biblischen Gestalten (ausgelassene Strophen) bis zur Erfüllung an der Krippe geführt (Str. 5); das Metrum ist nach der alten Hymnenstrophe gebaut. Ähnlich das unbekannte SCHAUT, SCHAUT, WAS IST FÜR EIN WUNDER DAR? Das kernig-kräftige, mit seinen wenigen acht Strophen gedrungene KOMMT UND LASST UNS CHRISTUM EHREN (EKG 29) entnimmt den Strophenbau mit dem dreifachen Reim dem QUEMPAS (vgl. EKG 20): Weihnachten als Sieg über die satanischen Mächte. Völlig anders klingt das Devotionslied ICH STEH AN DEINER KRIPPEN HIER (EKG 28) in der siebenzeiligen Luther-Strophe, den allegorischen Bildern von der Sonne (Str. 3) und der mystischen Einwohnung im Abgrund der Seele (Str. 4). Die lobpreisende Beschreibung der Gliedmaße (nur Str. 5) und das geistliche Schmücken der armseligen Krippe (Str. 6f.) sind im Gesangbuch weitgehend ausgefallen. In dieser Richtung geht Gerhardt noch einen Schritt weiter mit einem *Christ-Wiegenlied* nach einer lateinischen Vorlage, das fast an fromme Spielerei grenzt:

> Schlaf, du großer Weltberater,
> Bräutgam, Sohn und selbst auch Vater,/ eia, eia!
> Bett und Lager, das dich träget,
> hab ich dir zurecht geleget,
> schlaf, du schönstes Kindelein!
> Eia, eia, schlaf und ruhe,
> schlaf, schlaf, trautes Herzelein! (Str. 2)

Sein sprachlich großartigstes und gedankentiefstes Weihnachtslied ist leider unbekannt geblieben; selbst Crügers Melodie (bei EKG 22 verwendet) hat das ausgefallene Versmaß von zwei Kurzzeilen und einer überdimensionalen Langzeile nicht über die Rampe gebracht. Die Eingangsstrophe drückt ein verinnerlichtes Gebet vor der Predigt aus:

O Jesu Christ,/ dein Kripplein ist
mein Paradies, da meine Seele weidet!
Hier ist der Ort,/ hier liegt das Wort
mit unserm Fleisch persönlich angekleidet. (Str. 1)

Der erste Liedteil veranschaulicht die Paradox-Christologie in ungewöhnlich starken Kontrasten, in denen die Barockzeit ihr Lebensgefühl ausströmen kann:

Dem Meer und Wind / gehorsam sind,
gibt sich zu Dienst und wird ein Knecht der Sünder.
Du, Gottes Sohn,/ wirst Erd und Ton,
gering und schwach wie wir und unsre Kinder. (Str. 2)

Du, höchstes Gut,/ hebst unser Blut
in deinen Thron hoch über alle Höhen.
Du, ewge Kraft,/ machst Bruderschaft
mit uns, die wie ein Dampf und Rauch vergehen.
(Str. 3)

Der zweite Liedteil spricht in seelsorgerlicher Bemühung dem Angefochtenen Heil und Hilfe zu:

Drum, frommer Christ,/ wer du auch bist,
sei gutes Muts und laß dich nicht betrüben!
Weil Gottes Kind / dich ihm verbind',
so kanns nicht anders sein: Gott muß dich lieben!
(Str. 7)

Wirst du geplagt?/ Ei, unverzagt!
Dein Bruder wird dein Unglück nicht verschmähen.
Sein Herz ist weich / und gnadenreich,
kann unser Leid nicht ohne Tränen sehen. (Str. 11)

Tritt zu ihm zu!/ Such Hilf und Ruh!
Er wirds so machen, daß du ihm wirst danken.
Er weiß und kennt,/ was beißt und brennt,
versteht wohl, wie zumute sei dem Kranken. (Str. 12)

Sein Neujahrslied NUN LASST UNS GEHN UND TRETEN (EKG 42) hält die Leidensschilderung aus dem Großen Kriege wach (Str. 2ff.) und legt uns an der Schwelle zum neuen Jahr ein allumfassendes Fürbittengebet in den Mund (Str. 8ff.).

Wie die Inkarnation wird ihm die Passion wichtig. Eine Neufassung der langen Lied-Passion des Sebald Heyden (vgl. EKG 54), Paraphrasen über das Gottesknecht-Lied aus Jesaja 53 und über die Sieben Worte Jesu am Kreuz haben für uns nur noch untergeordnete Bedeutung. Aber: EIN LÄMMLEIN GEHT UND TRÄGT DIE SCHULD (EKG 62) und O WELT, SIEH HIER DEIN LEBEN (EKG 64), vor allem aber das siebenteilige *Passions-Salve* nach der mittelalterlich lateinischen Dichtung des Arnulf von Löwen, einem Zisterziensermönch aus der Schule der bernhardinischen Frömmigkeit. Der Beter umarmt den Kruzifixus, er grüßt und küßt die Gliedmaßen: Füße, Knie, Hände, Seite, Brust und Herz, zuletzt das Angesicht – ein leidenschaftliches Mit-Leiden, ein fast körperliches Einswerden mit dem Gekreuzigten. *An die Füße*:

SEI MIR TAUSENDMAL GEGRÜSSET,
der mich je und je geliebt,
Jesu, der du selbst gebüßet
das, womit ich dich betrübt.
Ach, wie ist mir doch so wohl,
wenn ich knien und liegen soll
an dem Kreuze, da du stirbest
und um meine Seele wirbest. (Str. 1)

Diese Füße will ich halten
auf das best, ich immer kann;
schaue meiner Hände Falten
und mich selber freundlich an
von dem hohen Kreuzesbaum,
und gib meiner Bitte Raum,
sprich: Laß all dein Trauern schwinden,
ich, ich tilg all deine Sünden. (Str. 5)

Letzter Teil ist dann jenes berühmte O HAUPT, VOLL BLUT UND WUNDEN (EKG 63), das vor allem durch J.S. Bachs Passionen zum Inbegriff der Kreuzesfrömmigkeit geworden ist und das mit dem *Trost in meinem Tod* (Str. 9f.) weit über die Vorlage hinausgeht.

Ostern tritt demgegenüber mit drei Liedern merklich zurück. Auch hier eine lange Nacherzählung des Ostergeschehens in 36 Strophen; neben SEI FRÖHLICH ALLES WEIT UND BREIT das trotzig-gewisse AUF, AUF, MEIN HERZ, MIT FREUDEN (EKG 86) mit Crügers arioser Dreiertakt-Melodie. Von den drei Pfingstliedern und dem einen Beitrag zu Trinitatis hat sich wenigstens ZEUCH EIN ZU DEINEN TOREN (EKG 105) mit seiner Aufzählung der Gaben des Geistes (Str. 4ff.) und der Fürbitten im Geist (Str. 8ff.) erhalten. Eine aktuelle, ausgelassene Strophe wäre heute noch erwähnenswert:

Ach, edle Friedensquelle,
schließ deinen Abgrund auf,
und gib dem Frieden schnelle
hier wieder seinen Lauf!
Halt ein die große Flut,
die Flut, die eingerissen,
sodaß man siehet fließen
wie Wasser Menschenblut! (nach Str. 8)

Das Thema Gottesdienst ist nicht gleichermaßen mit Liedern bedacht; überhaupt hat Gerhardt den Kirchenbegriff nie poetisch reflektiert. Ein Tauflied, das allerdings einen besonderen Aspekt anvisiert: Tauferinnerung oder -erneuerung. Die schon Getauften werden auf ihre Taufe hin angesprochen:

> Du Volk, das du getaufet bist
> und deinen Gott erkennest,
> auch nach dem Namen Jesu Christ
> dich und die Deinen nennest:
> Nimms wohl in acht und denke dran,
> wie viel dir Gutes sei getan
> am Tage deiner Taufe. (Str. 1)

Ein Abendmahlslied. Keine Lieder zur Beerdigung, sondern zur Sterbehilfe im Rahmen der Kreuzlieder. Keine Lieder zur Trauung, sondern Ehestandslieder, wie es in einem christlichen Haus bestellt sein soll: Wie schön ists doch, Herr Jesu Christ,/ im Stande, da dein Segen ist,/ im Stande heilger Ehe (EKG 172), meist aus Gelegenheitsgedichten herausgewachsen. Und Berufslieder wie Ich weiss, mein Gott, dass all mein Tun / und Werk in deinem Willen ruhn (EKG 384).

26 Psalmlieder zeigen viel Kunsthandwerk. Immerhin sind aus dieser Gattung die Bitte um den Frieden Herr, der du vormals hast dein Land / mit Gnaden angeblicket (EKG 185, Psalm 85) und das hinreißende, überschäumende Loblied Du meine Seele, singe (EKG 197, Psalm 146) bekannt geblieben. Vielleicht ließe sich der schlichte Psalm 23 in einigen Strophen wiedergewinnen:

> Der Herr, der aller Enden
> regiert mit seinen Händen,
> der Brunn der ewgen Güter,
> der ist mein Hirt und Hüter. (Str. 1)

Er lässet mich mit Freuden
auf grüner Aue weiden,
führt mich zu frischen Quellen,
schafft Rat in schweren Fällen. (Str. 3)

Er lehrt mich tun und lassen,
führt mich auf rechter Straßen,
läßt Furcht und Angst sich stillen
um seines Namens willen. (Str. 5)

Und ob ich gleich vor andern
im finstern Tal muß wandern,
fürcht ich doch keine Tücke,
bin frei vom Ungelücke. (Str. 6)

Denn du stehst mir zur Seiten,
schützst mich vor bösen Leuten;
dein Stab, Herr, und dein Stecken
benimmt mir alle Schrecken. (Str. 7)

Barmherzigkeit und Gutes
wird mein Herz gutes Mutes,
voll Lust, voll Freud, voll Lachen,
so lang ich lebe, machen. (Str. 10)

Sechs Lieder nach Gebetsvorlagen aus Johann Arnds PARADIESGÄRTLEIN; und manche Gedichte lehnen sich an markante Bibelworte aus den Propheten, aus den Sprüchen Salomos und Jesus Sirach an, bis hin zu jener gewaltigen Paraphrase des hymnischen Schlusses im Römerbrief (Röm 8): IST GOTT FÜR MICH, SO TRETE / GLEICH ALLES WIDER MICH (EKG 250), in der Gerhardt die Fülle der evangelisch-lutherischen Theologie mit dem Zentrum der Rechtfertigungslehre in der Brechung der persönlichen Heilsgewißheit ausbreitet.

Weiteren Sparten im Gesangbuch hat er deutlicher seinen Stempel aufgedrückt: Tag- und Jahreszeitenlieder. Alle drei Morgenlieder sind bis auf eine unwesentliche Strophe vollständig ins EKG übernommen – ein erstaunliches Phänomen! In verschiedener Gestalt umschreiben sie das Urerlebnis, wenn man in der Frühe die Augen aufschlägt und das Licht erblickt; der Morgen als Zeuge und Bürge des ewigen Gnadenlichtes: WACH AUF, MEIN HERZ, UND SINGE (EKG 348), LOBET DEN HERREN / ALLE, DIE IHN EHREN (EKG 347) und das engmaschig gereimte, aber so natürlich dahinfließende Lied DIE GÜLDNE SONNE (EKG 346) mit den Gedanken zu Zeit und Ewigkeit. Zum Abend singt er NUN RUHEN ALLE WÄLDER (EKG 361) – Herberge hier und Heimat dort – und DER TAG MIT SEINEM LICHTE – ein Text, der Bach im Schemelli-Gesangbuch 1736 zu einer ariosen Melodie begeistert hat. Dann der *Sommergesang* GEH AUS, MEIN HERZ, UND SUCHE FREUD (EKG 371). Keiner vor ihm, vielleicht Franz von Assisi ausgenommen, hat die uns umgebende Natur mit so neugierig staunenden Augen beobachtet und mit so dichterisch bewundernden Worten beschrieben. Natur als Schöpfung, anbetungswürdiges Bilderbuch zum ersten Glaubensartikel, herrlicher Saum des Mantels Gottes, gute Gabe des himmlischen Vaters und Hinweis auf die vollendete Neuschöpfung. Köstliche Verse stehen auch im *Regenlied*:

> Reiß weg das schwarze Zorngewand,
> erquicke uns und unser Land
> und der so schönen Früchte Kranz
> mit süßem, warmem Sonnenglanz. (Str. 15)

Und im Gegenstück, dem *Sonnenscheinlied*:

> Die Wolken flohen weg,
> der feuchten Winde Steg,

daher die Wasser flossen,
nahm ab und ward verschlossen;
des hohen Himmels Tiefen,
die hörten auf zu triefen. (Str. 5)

Steh auf, du mattes Feld,
aus deinem Trauerzelt,
steh auf und laß nun wieder
die süßen Sommerlieder
zu deines Schöpfers Ehren
mit Lust und Freuden hören. (Str. 6)

Keiner hat das Lob Gottes des Erhalters so wortreich gesungen wie er, so überströmend von Dank und Dankbarkeit, so konstant in den 20 Jahren seines Dichtens, so erhebend aus der Tiefe von Not und Elend. NUN DANKET ALL UND BRINGET EHR (EKG 231), SOLLT ICH MEINEM GOTT NICHT SINGEN? (EKG 232) und ICH SINGE DIR MIT HERZ UND MUND (EKG 230) mit der feinen Beobachtung von Natur und Kultur. Sehr viel mehr an Lobgesängen wäre in seinem Gesamtwerk zu finden.

Keiner hat so getröstet und aufgerichtet wie er. Seinen Herzschlag spüren wir am deutlichsten in den Kreuzliedern, die er bezeichnenderweise *Trost- und Freudenlieder* nennt. Als Seelsorger spricht er die Angefochtenen und Geschlagenen an. Er predigt, nimmt Einwände und Gegenreden auf; er diskutiert und argumentiert in aller Breite und verschmäht auch säkulare Aufmunterungen nicht. Er will überreden und überzeugen und den geplagten Menschen dorthin führen: Das Leid ist nicht der Gegenbeweis zur Liebe Gottes, sondern Teilhabe am Kreuz Christi und seinem Auferstehungsleben. BEFIEHL DU DEINE WEGE (EKG 294) mit dem einzigen Akrostichon, das er verarbeitet, und dies ist – wiederum typisch für ihn – nicht ein gelobter Personenname, sondern ein geliebtes Bibelzitat (Ps 37,5). GIB DICH ZUFRIEDEN UND SEI STILLE (EKG 295), SCHWING DICH AUF ZU DEINEM GOTT (EKG 296), WARUM SOLLT ICH MICH DENN GRÄMEN (EKG 297). Und die Reihe will gar nicht enden: DU BIST EIN MENSCH, DAS WEISST DU WOHL (EKG WÜ 533), AUF DEN NEBEL FOLGT DIE SONN (EKG WÜ 534), ACH TREUER GOTT, BARMHERZIGS HERZ (EKG WÜ 535) usw. Auch im Angesicht des Todes schweigt er nicht: ICH BIN EIN GAST AUF ERDEN (EKG 326), ein Fremdling in der irdischen Welt, aber ein Pilger nach der himmlischen Heimat. Und auch am Grab verstummt er nicht, wenn er zu einem *unversehenen Todesfall* 1651 dichtet:

> ERHEBE DICH, BETRÜBTES HERZ,
> und laß die Sinnen überwärts
> hin nach dem Himmel steigen.
> Nimm Gott zum Trost, so wird dein Schmerz
> alsbald sich merklich neigen. (Str. 1)
>
> Wischt eure Tränen vom Gesicht,
> und laßt des lieben Trostes Licht
> in eure Herzen brechen,
> so wird, der alles Herzleid bricht,
> euch Herz und Mut zusprechen. (Str. 26)

Man wird die Grenzen seiner Lieder sehen müssen: kein himmelstürmendes Heldentum, eher eine stille Kraft zum Tragen und Dulden. Aber gerade so haben diese Verse Unzählige zu allen Zeiten getröstet und gestärkt; sie haben Glaube, Liebe, Hoffnung entzündet, und das ist das Höchste, was je ein Dichterwort erreichen kann. Gerhardt hat in überreicher Auswahl vorgelegt, was er sich im Grundsatz vorgenommen hat:

Wer wohlauf ist und gesund,
hebe seine Gemüte
und erhöhe seinen Mund
zu des Höchsten Güte.
Laßt uns danken Tag und Nacht
mit gesunden Liedern
unserm Gott, der uns bedacht
mit gesunden Gliedern. (Str. 1 vgl. EKG WÜ 599)

*

Auf der Höhe seines Lebensweges gerät er, der scheue und schüchterne Prediger, ins Rampenlicht der Öffentlichkeit, in die Auseinandersetzung zwischen Staat und Kirche.
Schon Kurfürst Johann Sigismund, der Großvater des regierenden Herrschers, war 1613 zum reformierten Bekenntnis übergewechselt: aus Opposition oder Opportunität – wer will das entscheiden? Friedrich Wilhelm jedenfalls, der Große Kurfürst, ist Calvinist aus Überzeugung, durch Erziehung und Ehe. Er schickt sich eben an, seine weitverstreuten Lande von Ostpreußen bis zum Niederrhein zu einem einheitlichen Staatswesen zusammenzuschweißen; zugleich will er dem unseligen Konfessionenstreit zwischen Lutheranern und Reformierten ein Ende bereiten. Mehrfach versichert er: Es liege ihm fern, den Untertanen öffentlich oder heimlich seinen Willen aufzudrängen, die Andersgläubigen von den Staatsämtern auszuschließen oder ihnen gar ihre Kirchen wegzunehmen. Er fordert Parität und Duldung, ja brüderliche Anerkennung. Das hört sich gut an, wird aber mancherorts mit Mißtrauen aufgenommen; wer weiß schon, was in Preußen Toleranz bedeuten soll?
Zwei Edikte aus dem Jahr 1662 regeln, ... *wie aller unzeitige*

Haß und alle unchristliche Verbitterung eingestellt und der so hochnötige kirchliche Friede oder, bis dieser erlangt sei, eine christliche Toleranz und evangelische Bescheidenheit mit besserem Eifer gesucht und befördert werden könnte. Ein theologisches Religionsgespräch endet im März 1663 ergebnislos. Gerhardt tritt dabei nicht als Sprecher auf, aber er entwirft Schriftsätze und Gutachten für die lutherische Seite, und – wer hätte das vermutet – er tut es scharfsinnig und wortgewandt; ein kritischer Verstand paart sich bei ihm mit einem dichterischen Gemüt. Er korrespondiert mit der ihm vertrauten Wittenberger Fakultät, die wiederum dem Kurfürsten ein Dorn im Auge ist, und er bestärkt die Kollegen in ihrem Widerstand. So wird er, von Natur aus allen politischen Händeln abhold, im Hintergrund zum Widerpart des souveränen Landesfürsten.

1664 eine verschärfte Phase. Alle Pfarrer sollen unter Androhung der Amtsenthebung einen Revers, eine Erklärung, unterschreiben: ... *daß ich jederzeit Gott mit herzlichem Gebet um Beförderung solcher Kirchen-Toleranz anrufen, auch nicht unterlassen will, alle Mittel, so zur Kirchen-Toleranz vorgeschlagen werden, annehmen.* In den strittigen Lehren sollen sich die Prediger der äußersten Mäßigung befleißigen, die Konkordienformel weglassen, den Exorzismus bei der Taufe mildern oder ändern und den kurfürstlichen Edikten gehorsam nachkommen. *So wahr mir Gott helfen soll durch Christum.* Geht das nicht zu weit: Strammstehen vor der absolutistischen Staatsmacht? Verleugnung des Ordinationsgelübdes? Eine Eingabe des geistlichen Ministeriums fordert wirkliche Freiheit des Gewissens und des Gottesdienstes, auch für die lutherische Seite mit ihren spezifischen Akzenten. Der Kurfürst reagiert verärgert und verletzt; Gewissensfreiheit hat an der Souveränität des Fürsten eine unübersteigbare Grenze. Die Pfarrer holen Gutachten von den Universitäten Wittenberg, Jena und Helmstedt ein; der Kurfürst verbittet sich zornig, daß auswärtige Instanzen seine Pläne zensieren. Staatlicher Druck und kirchlicher Starrsinn – der Konflikt schaukelt sich hoch.

Viele Prediger unterschreiben, einige melden sich auf auswärtige Pfarrstellen. Am 6. Februar 1666 soll Paul Gerhardt seine Unterschrift vor dem Konsistorium leisten. Er weigert sich, daraufhin wird ihm sein Amt entzogen. *Es ist nur ein geringes berlinisches Leiden*, soll er gesagt haben. *Ich bin auch willig und bereit, mit meinem Blut die evangelische Wahrheit zu besiegeln und als ein Paulus mit Paulus den Hals dem Schwert darzubieten*, fügt er subjektiv ehrlich, aber wohl etwas theatralisch hinzu.

Große Unruhe in Berlin. Bürgerinitiativen: Die Vertretung der Bürgerschaft, die Zünfte der Tuchmacher, Schuhmacher, Bäcker und Schlachter, der Kürschner, Schneider und Zinngießer verlangen vom Magistrat, er solle dem Kurfürsten den großen Schmerz vermelden, daß *Herr Paul Gerhardt, unser geliebter Prediger und Seelsorger, uns auch will entzogen werden.* Der Kurfürst entgegnet: Schließlich sei Gerhardt das Rückgrat des Widerstandes gewesen. Eine erneute Eingabe, der sich die Zünfte der Tischler, der Messer-, Huf- und Waffenschmiede anschließen. Der Kurfürst reagiert ungnädig: Der Rat solle die ungehorsamen Querulanten nicht noch bestärken. Zuletzt treten die märkischen Landstände für ihn ein: Es sei erwiesen, daß Gerhardt ein friedliebender Mann ist, von Reformierten wie von Lutheranern ohne Einschränkung hochgeachtet – da ist der Große Kurfürst groß genug, um nachzugeben. Im Januar 1667 eröffnet er dem Magistrat: *Weil er von Paul Gerhardts Person keine Klage außer der vernommen, daß er den Edikten zu subskribieren sich entzogen, Seine Kurfürstliche Durchlaucht aber davor halten müßten, daß er die Meinung der Edikte nicht recht begriffen hätte, so wollen wir ihn plene hiermit restituiert und ihm sein Predigtamt nach wie vor zu treiben verstattet haben.* Der Geheimsekretär, der Gerhardt die Nachricht überbringt, erwähnt noch beiläufig, daß er sich ja auch ohne

Unterschrift an die Erlasse halten werde, wie er es bisher getan hätte.
Großer Jubel und Erleichterung in Berlin. Die kühnsten Erwartungen sind übertroffen: Als einziger Geistlicher muß Gerhardt nicht unterschreiben. Der aber ist bedrückt, belastet und unruhig im Gewissen. Er schreibt an den Kurfürsten einen bewegenden Brief und bittet ausdrücklich um die Beibehaltung der Konkordienformel. *Ich fürchte mich vor Gott, in dessen Anschauen ich auf Erden wandle und vor dessen Gericht ich dereinst erscheinen muß.* Der Kurfürst fühlt sich vor den Kopf gestoßen; Rat, Gemeinde und Freunde können ihrem Prediger nicht folgen. Die Stelle wird ausgeschrieben; er hat mit seiner Entscheidung endgültig auf sein Amt verzichtet. Ein geradezu tragischer Konflikt: Zwei aufrechte, große Männer verstehen einander nicht. Ein gläubig frommer Fürst, dessen Lieblingslied BEFIEHL DU DEINE WEGE gewesen sein soll, verstößt den gläubig frommen Dichter eben dieses Liedes, der sich in seinem Gewissen gebunden fühlt. Liberale Staatskunst und theologische Prinzipientreue sind nicht in Einklang zu bringen.
Gerhardt leidet keine äußere Not; er lebt in der Dienstwohnung wie bisher, sein Gehalt wird bis August 1668 weitergezahlt. Der Rat der Stadt hat die Bedenkzeiten hinausgezögert, und die Erlasse des Kurfürsten klingen zunehmend milder. In dieser Zeit veröffentlicht Johann Georg Ebeling die Gesamtausgabe aller Gerhardtschen Lieder; vielen wird jetzt erst klar, welch ein geistlicher Dichter unter ihnen lebt. Er aber dichtet nicht mehr, er zieht sich resigniert in sich zurück. 1668 stirbt seine Frau; von den fünf Kindern ist nur der eben sechsjährige Paul Friedrich übriggeblieben. Seine verwitwete Schwägerin Sabine führt ihm den Haushalt; ihr hatte er vor 25 Jahren sein erstes Lied als Hochzeitsgebinde überreicht – der Kreis beginnt sich zu schließen.

Freunde vermitteln ihm, dem einsam und arbeitslos gewordenen Pfarrer, 1669 – er ist 62 Jahre – die Stelle eines Archidiakonus in Lübben in der Niederlausitz, fernab von Berlin. Der Lübbener Rat schickt ein Fuhrwerk, um einen gewissen *Herr Prediger Paul Gerhardt* zur Probepredigt abzuholen; von seinen Liedern scheinen sie nichts zu wissen. Die Verhandlungen über das verwahrloste Pfarrhaus entwickeln sich zu peinlichen Bemerkungen: Die Wohnung sei doch bisher recht gewesen, aber wenn nun einer aus Berlin komme...? Die versprochenen Bauarbeiten gehen nicht voran. Er muß erklären, daß er kein auswärtiges Bier einführen oder keinen öffentlichen Ausschank betreiben wolle. Endlich kann er einziehen, aber er lebt für sich, unauffällig und zurückgezogen, müd und matt.

1676 stirbt Paul Gerhardt mit 69 Jahren. Er hinterläßt in seiner Kirche zu Lübben sein Bildnis: in Amtstracht dargestellt, ein mildes Gesicht mit einem leichten Bärtchen; eine lateinische Inschrift lautet übersetzt: *Ein in Satans Siebe gesichteter Theologe.* Und seinem Sohn übergibt er ein Schriftstück als Testament, das ihn zum einfachen Glauben, aber zum furchtlosen Bekennen ermahnt, wie er es selbst vorgelebt hat. ... *Meinem einzigen hinterlassenen Sohn überlasse ich von irdischen Gütern wenig, dabei aber einen ehrlichen Namen, dessen er sich nicht wird zu schämen haben. Es weiß mein Sohn, daß ich ihn von seiner Kindheit an dem Herrn, meinem Gott, zu eigen gegeben, daß er ein Diener und Prediger seines heiligen Wortes werden soll. Dabei soll er nun bleiben und sich nicht daran kehren, daß er nur wenig gute Tage dabei haben möchte; denn da weiß der liebe Gott schon Rat zu und kann die äußerliche Trübsal mit inniglicher Herzenslust und Freudigkeit des Geistes genugsam ersetzen ...*

In deinem Leben folge nicht böser Gesellschaft, sondern dem Willen und Befehl deines Gottes. Insonderheit:

1. Tue nichts Böses in der Hoffnung, es werde heimlich bleiben; denn es wird nichts so fein gesponnen, es kommt an die Sonnen.

2. Außer deinem Amt und Beruf erzürne dich nicht. Merkst du dann, daß der Zorn dich erhitzt, so schweige stockstill, und rede nicht eher ein Wort, bis du ernstlich die Zehn Gebote und den christlichen Glauben bei dir ausgebetet hast.

3. Der fleischlichen sündlichen Lüste schäme dich, und wenn du dermaleinst zu solchen Jahren kommst, daß du heiraten kannst, so heirate mit Gott und gutem Rat frommer, getreuer und verständiger Leute.

4. Tue Leuten Gutes, ob sie es dir gleich nicht zu vergelten haben ...

5. Den Geiz fliehe als die Hölle, laß dir genügen an dem, was du mit Ehren und gutem Gewissen erworben hast, ob es gleich nicht allzu viel ist ...

Summa: bete fleißig, studiere was Ehrliches, lebe friedlich, diene redlich und bleibe in deinem Glauben und Bekenntnis beständig, so wirst du auch einmal sterben und von dieser Welt scheiden willig, fröhlich und seliglich. Amen.

Johann Rist
1607–1667

Man lobt dich in der Stille,
du hocherhabner Zions-Gott;
des Rühmens ist die Fülle
vor dir, du starker Zebaoth.
Du bist doch, Herr, auf Erden
der Frommen Zuversicht,
in Trübsal und Beschwerden
läßt du die Deinen nicht.
Drum soll dich stündlich ehren
mein Mund vor jedermann
und deinen Ruhm vermehren,
solang er lallen kann.

Aus Rists *Herzlichem Lob- und Danklied*
1654 – vgl. EKG 229

Er ist ein typischer Barockmensch, der einem farbigen, großformatigen Rubens-Gemälde entsprungen sein könnte. Einer der originellsten Charakterköpfe, ein *Virtuose der Persönlichkeit* (W. Nelle). Ein profunder Gelehrter, der sich für alle Kunst- und Wissenschaftszweige interessiert, und ein vielseitiger Schriftsteller, der schier zu keinem Thema schweigen kann. Ein weltmännischer Hanseate, der von sich reden zu machen weiß, und ein toleranter Geistlicher, der sich für seine Gemeinde nach Geist und Leib einsetzt und vielen Menschen seine hilfreiche Freundschaft gewährt. In seine Poesie mischen sich viel Pathos und Pose; sein kluger und heiterer Menschenverstand gerät kaum in Konflikt mit Mode und

Johann Rist
1607 – 1667

Meinung seiner Zeit. So erklärt sich der ungewöhnliche Ruhm und Glanz seines Namens.

Sein Leben ist rasch erzählt, und es spielt sich, abgesehen von seiner Studentenzeit, im engen niederdeutschen Raum um Hamburg ab. Johann Rist ist 1607 – vier Tage vor Paul Gerhardt – im kinderreichen Pfarrhaus von Ottensen geboren, einem Stadtteil des heutigen Hamburg. Seine väterlichen Vorfahren entstammen einer schwäbischen Handwerkerfamilie von Hufschmieden. Die Schulbildung erhält er am Johanneum in Hamburg und am fast im Hochschulrang stehenden Gymnasium illustre in Bremen, das er 1626 als künftiger Jurastudent verläßt. Mild-lutherische und reformiert-getönte Einflüsse wirken auf ihn ein. Er hätte, so äußert er sich später einmal, mit Leichtigkeit den Toleranz-Artikel des Großen Kurfürsten in Berlin unterschreiben können, der Paul Gerhardt solch große Gewissensnöte bereitet. Und ohne Bedenken preist er in Lobgedichten auch katholische Fürstenhäuser und Heerführer. Sein Glaubens- und Lebensgefüge ist mehr ästhetisch als konfessionell orientiert. An der Universität Rinteln/Weser neigt er bald mehr der Theologie und Poetik als der Juristerei zu. Der dortige Professor Josua Stegmann (sein bekanntestes Lied ist ACH BLEIB MIT DEINER GNADE / BEI UNS, HERR JESU CHRIST EKG 208) dürfte als Vorbild für gottseliges Leben und geistliches Dichten einen starken Eindruck auf ihn gemacht haben. Von allem Anfang an studiert er ohne Scheuklappen und Engstirnigkeit: Er beschäftigt sich mit Medizin und Chemie, Botanik und Mathematik und vielem anderen mehr – dieser rundum interessierte, fachlich versierte Bildungsbürger ist Rist sein Leben lang geblieben. Er wechselt zur Universität Rostock, wo er im milden Winter 1628 an der Pest erkrankt und nur mit knapper Not dem Tod entrinnt. Dann besucht er Leipzig, Leiden und

Utrecht; zur umfassenden Erziehung gehört ein Aufenthalt in den geistigen Zentren Mitteleuropas. Er berichtet einmal von einer Harzreise, *woselbst ich mich in meiner Jugend eine geraume Zeit habe aufgehalten, die Beschaffenheit der von mir so hochgeliebten Bergwerke zu erkundigen.* Nach Abschluß der Studien wird er wie so mancher Pfarrer zuerst einmal Hauslehrer, und dies in Heide in Dithmarschen, wo er auch seine künftige Frau kennenlernt. 1635 – er ist jetzt 28 Jahre alt – übernimmt er das Pfarramt in Wedel an der Elbe vor den Stadttoren Groß-Hamburgs. Trotz ehrenvoller Berufungen verläßt er diese Gemeinde nicht mehr bis an sein Lebensende 1667 mit 60 Jahren.

Um so mehr ist davon zu erzählen, wie er sein Leben ausgestaltet, wie er die Welt im kleinen um sich baut. Vor seinem Pfarrhaus in Wedel liegt der *Südergarten*, eine hektargroße Fläche, die er nicht wie die adligen Potentaten und Geldprotzen als Prunkgarten mit Portalen, Wasserkünsten und Statuetten ausschmückt, sondern als Natur, als ein Stücklein des von Gott selbst angelegten Paradies-Gartens empfindet. Da sind Laubengänge mit Johannesbeerstauden; Rosen in unzähligen Spielarten und fremdländische Weinreben ranken am Lattengitter empor; Buchsbaumhecken zeichnen ihre Muster in die Landschaft. Es gibt Felder mit Heil- und Küchenkräutern, vor allem aber Beete von Tulpen – der Idolblume des Jahrhunderts – mit ihren bunten, gestreiften oder geflammten Blüten. Von weither läßt er sich durch Freunde die seltensten Zwiebeln zu Experimenten schicken, lange bevor sie handelsüblich zu beziehen sind. Sein Ideal ist der holländisch-italienische Kunstgarten, der denn doch die Natur zur Kultur wandelt. Er stellt Stadtgärtner von Hamburg zur Arbeit an, und als Frühaufsteher pflegt er selbst schon um vier oder fünf Uhr morgens seine erlesenen Pflanzen.

Im Garten liegt das *Lusthäuschen*, die Gartenlaube, wo die Nachtigallen besonders schön zu hören sind. Und mehr noch: Hier ist der Ort einer erquickenden Gastlichkeit, Zielpunkt von literarischen und künstlerischen Wallfahrten und Zentrum einer musischen Gesellschaft. Hier wird diskutiert und musiziert: *In meinem geringen Hüttlein hatte ich ferner meine Hausmusik, da wir gemeiniglich nach Essens Gott dem Herrn ein Lobopfer zu bringen uns neben den Stimmen auch der Geigen, Lauten, Flöten, Instrumente oder Klavizimbel und anderen mehr solcher Lust gebrauchten, daß wir aller anderen Ergötzlichkeiten dabei vergaßen.*
Das Pfarrhaus mit seinen fünf zu ebener Erde gelegenen Räumen ist das getreue Spiegelbild seiner vielseitigen Liebhabereien. Die Eingangsstube als Empfangszimmer ist mit Bildern und Porträts geschmückt; sicher hängen auch eigene Gemälde an der Wand. Rist berichtet einmal, sein Vater habe ihm als Kind unter Androhung harter Strafen das Zeichnen verboten. Er aber malte eines Tages aus dem Gedächtnis den Vater im vollen geistlichen Ornat und heftete das Bild an die Tür des Studierzimmers. Der Vater habe über den kecken Mut gelacht und über den unbezähmbaren künstlerischen Trieb gestaunt; von da an hätten die Kinder einen geregelten Zeichenunterricht bekommen. Dahinter liegt im Pfarrhaus die reichhaltige Apotheke und die Kammer mit Destillieröfen, Retorten und Kolbengläsern. Körbeweise verkocht er Wurzeln der Maiblümchen und Blätter der Heilpflanzen zu Arzneien. Er ist fest davon überzeugt, Tausenden von Kranken mit selbsterfundenen Mitteln geholfen zu haben, und vielleicht sind seine Tinkturen wirklich wirkungsvoller als die üblichen Apothekerwaren. Seiner Gemeinde ist er nicht nur wortgewaltiger Prediger auf der Kanzel und sittenstrenger Seelsorger, sondern unermüdlicher Leibesarzt für alle Gebrechen; bei seinem Vater hat er in jungen Jahren ein Verständnis für psychosomatische Zusammenhänge kennenge-

lernt. Sein ganzheitliches Menschenbild ist jedenfalls höchst bewundernswert. Es folgt die Studierstube mit einer bibliophilen Sammlung von alten Büchern und Folianten; seine Funde von Urnen und Vasen aus frühgeschichtlichen Hünengräbern sind hier aufgestellt. Ein kleiner Raum mit Münzen und Medaillen, mit Prismen und optischen Geräten schließt das gehaltvoll repräsentative Erdgeschoß ab.
Hinter dem Haus dehnt sich der gleichermaßen große *Nordergarten*. In der Ferne schließen sich ein Wäldchen an mit uralt charaktervollen, schattigen Bäumen und ein vielleicht einmal künstlich aufgeschütteter Hügel, den er in Anlehnung an die griechische Sagenwelt seinen *Parnaß* nennt. Dort denkt und dichtet er; seine Augen läßt er über das *Alte Land* nach Stade hin schweifen und beobachtet die Elbe mit ihren Kuttern und Kähnen – ein harmonischer, selbstzufriedener Kunst- und Naturgenuß in dieser idyllischen Landschaft.
Eine Insel inmitten von Unverstand und Unheil des Dreißigjährigen Krieges. Aber es bleibt nicht immer so. 1643 und später mehrmals bricht die furchtbare Heimsuchung der schwedischen Truppen, der *Kriegsgurgeln*, wie er sagt, über ihn und seine Gemeinde herein. Die gepflegten Kulturen werden zerstampft, die kostbaren Sammlungen zerschlagen und geraubt. In vielen Strophen singt er von unsagbarer Not, von Hunger und Seuchen, von Jammer durch Kriege und Katastrophen. Man wird es ihm trotz seiner leichtflüssigen Produktionsweise abnehmen können, wenn er einmal bekennt: *Viele Lieder hat mir das liebe Kreuz ausgepreßt*. Am Lebensende ist er von Freunden verlassen und von Krankheiten geplagt. Trotzdem baut er sich immer wieder seine Welt auf, hegt und pflegt sie, so gut es eben auf dieser unsteten Erde geht. Er bleibt seinem Ideal treu: einfacher Pfarrer auf dem Lande und zugleich Mittelpunkt städtisch-geistiger Bildung, von Gelehrsamkeit und Kunstbemühung erfüllt. Er hält ein ein-

drückliches, in sich schlüssiges Gesamtbild seiner Persönlichkeit in allen Veränderungen durch.

*

Seine Dichtkunst ist ebenso wie seine Lebenskunst umfassend global angelegt; den garstigen Graben zwischen weltlichem und geistlichem Bereich kennt oder empfindet er nicht. Die Wort- und Versregeln eines Martin Opitz sind ihm selbstverständlich geläufig; in dessen Nachfolge fühlt er sich als vaterländischer Schriftsteller für die Reinheit der hochdeutschen Sprache verantwortlich. Die niederdeutsche Mundart, die früher einmal auch im Kirchenlied eine weite Verbreitung gefunden hatte, wird für ernste Gedichte nicht mehr verwendet. Neben unzähligen Gelegenheitsgedichten auf Personen jedweden Standes, zu persönlichen Erlebnissen und überregionalen Ereignissen, neben flott und frisch geschriebenen *Monatsgesprächen* und anderen literarischen Formen sind von Rist eine ganze Reihe von *Freuden- und Trauerspielen* überliefert: eigentlich undramatische, festspielartige Melodramen im barock-schwülstigen Stil der Zeit, die sicher den langanhaltenden Ruhm Hamburgs als Zentrum von Oper und Schauspiel mitbegründen halfen. Aus dem Stück *Das Friedewünschende Deutschland* 1647 ist das Liedlein des Merkurius in unserem Jahrhundert als aufrüttelnd-völkischer Mahnruf wiederentdeckt und auf den Notenblättern der Singbewegung verbreitet worden:

Sichres Deutschland, schläfst du noch?
Ach, wie nah ist dir dein Joch,
das dich hart wird drücken
und dein Antlitz, dürr und bleich,

jämmerlich ersticken:
wach auf, du deutsches Reich!...

Tolles Deutschland, deiner Ruh
eilet Krieg und Aufruhr zu;
ach, hör auf zu schlafen!
Alle Kreaturen gleich
kommen dich zu strafen:
wach auf, du deutsches Reich!...

Volles Deutschland, große Not
wird dich martern auf den Tod.
Sichres Weib, begehre,
daß doch Gott sein Herz erweich'
und den Feinden wehre:
wach auf, du deutsches Reich!...

Bedeutend gehaltvoller als seine Dramen sind seine geistlichen Dichtungen, vor allem seine frühen Kirchenlieder. Rist gibt seine Gedichte – über 650 an der Zahl – in zehn zum Teil recht umfänglichen, immer wieder aufgelegten und vermehrten Sammlungen zum Druck. Nachdem schon 21 Erstlingslieder im Anhang seines POETISCHEN LUSTGARTENS 1637 bekanntgeworden sind, beginnt er 1641 bis 1643 mit HIMMLISCHE LIEDER, in fünf Heften zu je zehn Liedern veröffentlicht. Mit diesen Beispielen ist er schon weithin berühmt, als der gleichaltrige Paul Gerhardt eben sein erstes Hochzeits-Glückwunschgedicht dem Berliner Brautpaar übergibt. Es folgen 1648 DER ZU SEINEM ALLERHEILIGSTEN LEIDEN UND STERBEN HINGEFÜHRTER ... CHRISTUS JESUS – gereimte Passionsandachten; 1651 NEUER HIMMLISCHER LIEDER SONDERBARES BUCH und ebenfalls 1651 SABBATISCHE SEELENLUST – die Sonntags-Evangelien für das ganze Kirchenjahr; 1654 FROMMER UND GOTTSELIGER CHRISTEN alltägliche Hausmusik – Lieder für alle möglichen Stände und Zustände, Situationen und Aktionen des Lebens. Dann 1655 Neue musikalische Fest-Andachten – nochmals die poetischen Predigtperikopen; 1656 Neue musikalische Katechismus-Andachten – eine ganze Theologie in Versen. Später 1658 Die verschmähete Eitelkeit und Die verlangete Ewigkeit – Seelengespräche; 1659 Neue musikalische Kreuz-, Trost-, Lob- und Dank-Schule; 1660 und 1662 Neues musikalisches Seelenparadies – Bibelsprüche des Alten und Neuen Testaments, und zuletzt 1664 Neue hochheilige Passions-Andachten. Die Buchtitel sind blumig-barock formuliert, und aus dem Inhalt geht hervor: Kein einschlägiges Thema ist ausgelassen; jede geistliche Seelenregung, jeder religiöse Gemütsaffekt wird ins Wort gefaßt.

Er empfindet seine geistlichen Gedichte als Lieder; einigen weltlichen Strophen gibt er, ein wohlgeübter Geigenspieler, selbsterfundene Weisen nach dem Muster volkstümlicher Tanzlieder mit auf den Weg. Für die geistlichen Lieder aber schickt sich das nicht. Hierfür versteht er es, geeignete und namhafte Komponisten auf seine Verse aufmerksam zu machen und sie zu Melodien zu begeistern. Er ist eitel genug, werbend auch für die wirksame Verbreitung seiner Wortkunst zu sorgen. Die Hamburger Musiker nehmen seine Anregung willfährig auf: Thomas Selle, der Kantor am Johanneum und Musikdirektor der fünf Hauptkirchen Hamburgs – später werden G. Ph. Telemann und C. Ph. E. Bach im selben Amt ihre zeitgenössischen Dichtungen in Musik umsetzen. Selles 110 Vertonungen (s. EKG 8), die Rist als *fleißig, belesen und künstlich gesetzt* beurteilt, werden vielleicht in der *Vespermusik* am Samstag oder als *Große Musik* im Sonntagsgottesdienst erklungen sein; in Rists eigener Gemeinde nie, wie er selbst bescheiden berichtet. Weiter ist es Johann Schop, der

geniale Geigenvirtuose und Leiter der Hamburger Ratsmusik, mit 49 Melodien (s. EKG 24, 41, 232, 324, 360), und der Dichter sonnt sich wohlig im Lob seines *vielgeliebten* Freundes, *dessen hoher Verstand, treffliche Kunst und Erfahrenheit in der edlen Singekunst durch ganz Europa gnugsam bekannt ist.* Zum Kreis der Melodisten gehören die hervorragenden Hamburger Organisten Heinrich Scheidemann und Jakob Praetorius, sodann Rists Schwager H. Pape und bekannte auswärtige Komponisten wie A. Hammerschmidt, S.G. Stade, M. Jacobi, Chr. Flor und M. Coler. Heinrich Schütz, der kirchenmusikalische Großmeister des 17. Jahrhunderts, hat keine Melodie beigesteuert. Immerhin besucht er Rist anläßlich seiner Kopenhagener Reise um 1642 im Pfarrhaus in Wedel und wird natürlich mit einem Begrüßungsgedicht als *weltberühmter Kapellmeister* gefeiert. Der bedeutendste Schütz-Schüler Christoph Bernhard schreibt für Rist die Begräbnis-Motette. Schon 1651 kann der Dichter stolz und ein wenig selbstgefällig berichten: ... *dieweil diese gegenwärtige Weisen nunmehr durch ganz Deutschland dermaßen bekannt sind, daß sie auch von denen, welche der Musik nicht eben kundig, ja sogar von Weibespersonen, Kindern, Knechten und Mägden gar fein gesungen werden* ...
Schlichte Syllabik und volkstümliche Sanglichkeit in Rhythmus und Tonumfang erwartet er von den Vertonungen seiner Gedichte. Aber in der Ausführung als geistliches Sololied, üblicherweise in den zwei Stimmen von Diskant und Baß notiert, nähern sie sich den immer beliebter werdenden Formen der *Aria* oder des *Concerts*. Die Melodien sind im ganzen von der singenden Gemeinde als nicht so eingängig empfunden worden wie etwa die sensibleren Weisen eines Johann Crüger für die Gedichte Paul Gerhardts. Beim Kirchenlied kommt eben dem Klanggewand eine überragende Rolle zu. Rist denkt zuerst einmal an die häusliche Andacht oder an den gesellschaftlichen Musikzirkel als Wirkungsort für seine

Dichtung. Sinn und Ziel seiner Arbeit ist *docere et delectare* – lehren und belustigen; und indem sie nützt und erfreut, fördert sie die wahre Gottseligkeit des inneren Menschen.

An schmeichelhafter Anerkennung hat es Rist nie gemangelt, und er teilt in seinen Veröffentlichungen genüßlich die Lobgedichte der Freunde und Gönner und die hochfliegenden Ehrentitel mit, die seine Zeitgenossen auf ihn häufen: *Nordischer Apoll, Fürst aller Poeten, Gott des deutschen Parnasses.* In der Tat ein verwöhntes, fast vergöttertes Glückskind der Gesellschaft: Kaiser Ferdinand III. verleiht ihm 1644 den Dichterlorbeer, 1653 auch noch Adel, Wappen und Würde eines kaiserlichen Hof- und Pfalzgrafen; *Palatin* benützt er gern zur Selbstbezeichnung. Der Herzog von Mecklenburg kürt ihn zum Kirchen- und Konsistorialrat. Sprachgesellschaften buhlen um seine Mitgliedschaft, und er tritt ihnen bereitwillig bei: den *Nürnberger Pegnitzschäfern*, der *Fruchtbringenden Gesellschaft* unter dem Beinamen *der Rüstige*, und 1660 stiftet er selbst den *Elbschwan-Orden* als der *große Zimberschwan; unter diesen Schwänen waren auch viele Gänse*, spöttelt später der große Lessing.
Schon zu Lebzeiten mischt sich in die lautstarke Verehrung eine Spur von Unbehagen. Rist ist empfindlich, streitsüchtig sogar in Kleinigkeiten und zuweilen ausfällig, giftig und grob gegen Kritiker und Neider; sein großes Geltungsbedürfnis und die Eitelkeit des Eigenlobs stoßen viele ab. Manche ahnen hinter den glatten Versen und bisweilen platten Reimen die Schwächen seiner Dichtkunst, die nur modisch wortreich übertönt werden. Unter Umstellung der Buchstaben seines Namens prägt Philipp von Zesen anagrammatisch schon 1642 den Sinnspruch: *Es rinnt ja so!*, zuerst als Lob der dichterischen Leichtigkeit verstanden, dann aber fast nur noch als negative Kennzeichnung gedeutet. Er verderbe sein

Talent durch Routine, er verzettele sich in Vielschreiberei, krauser Gelehrsamkeit und vordergründig hohler Geschwätzigkeit. Ein Menschenalter später urteilt man noch schärfer: Er habe *den Buchführern ganze Lasten voll Lieder ums Geld ausgefertigt* (Erdmann Neumeister 1695).
Alle Schattenseiten, die im Lauf der Zeit stärker hervorgetreten sind, überdecken nicht seine Bedeutung. *Als geschlossenes Ganzes zwingt seine Leistung noch heute Respekt ab* (R. A. Schröder). Seine besten Lieder werden gern und viel gesungen: Im 18. Jahrhundert sind es deren etwa 40, die in den Gesangbüchern aller Frömmigkeitsrichtungen zum Gebrauch angeboten werden. In unserem Jahrhundert hat Rist einen erklecklichen Anteil von Popularität an Paul Gerhardt abgeben müssen, der zu Lebzeiten kaum zur Kenntnis genommen wurde – ein seltsam hellsichtiges Urteil der Kirchengeschichte.

*

Endgültig verklungen sind seine gewaltigen Buß- und Glaubenslieder; die Nachdichtungen der Predigtperikopen sind früher schon kaum zur Wirkung gekommen. Peinlich berühren uns seine grellen Schilderungen der Höllenqualen; sie sind überhaupt nicht mehr zu verkraften. Zu viel der Worte, zu zeitgebunden manche Vorstellung, als daß eine große Zahl seiner Schöpfungen die Barockkultur überdauert hätte. So ist ihm kein bleibendes Trost- oder Vertrauenslied gelungen. Und ein Loblied von ihm hat sich nur durchgesetzt, als das Gesangbuch Halle 1697 drei Strophen aus dem Lied Ich will den Herren loben gesondert herausgeschält hat: Man lobt dich in der Stille (EKG 229). Die alte Melodie Nun lob, mein Seel, den Herren (EKG 188) transponiert auch diesen neuen Text ganz gut.

In seinen beiden bekanntesten Tagzeitenliedern schließt er sich wie viele seiner Vorgänger und Mitdichter den Gebeten im PARADIESGÄRTLEIN 1612 von Johann Arnd an, die sich ihrerseits auf Luthers Morgen- und Abendsegen stützen. Daher kommt's, daß Aufbau und Gedankengang so traditionell wirken und mit vielen anderen Liedern dieser Thematik zusammenklingen; nur die wortreicher ausholende Geste ist ihm eigen. Das Morgenlied schließt mit einem eindrücklichen *Christlichen Segen*.

GOTT, DER DU SELBER BIST DAS LICHT,
des Güt und Treue stirbet nicht,
dir sei jetzt Lob gesungen,
nachdem durch deine große Macht
der helle Tag die finstre Nacht
so kräftig hat verdrungen
und deine Gnad und Wundertat
mich, da ich schlief, erhalten hat. (Str. 1)

Des Glaubens Licht in mir bewahr,
auch stärk und mehr es immerdar,
erwecke Treu und Liebe.
Die Hoffnung mach in Nöten fest;
hilf, daß ich mich aufs allerbest
auch in der Demut übe;
daß deine Furcht stets vor mir steh,
und ich auf guten Wegen geh. (Str. 3)

Gib, daß ich dir gehorsam sei
und mich vor Zank und Hader scheu,
auf daß der Sonnen Strahlen
mich diesen Tag nicht zornig sehn
und nachmals traurig untergehn.
Ach laß mich nicht bezahlen

dem Nächsten seine Bitterkeit
mit Feindschaft, Hassen, Grimm und Neid. (Str. 5)

Mein Gott und Vater, segne mich.
Der Sohn erhalte gnädiglich,
was er mir hat gegeben.
Der Geist erleuchte Tag und Nacht
sein Antlitz über mich mit Macht
und schütze mir mein Leben.
Nur dieses wünsch ich für und für:
Der Friede Gottes sei mit mir. (Str. 15)

Das Abendlied WERDE MUNTER, MEIN GEMÜTE (EKG 360 mit der Originalmelodie von J. Schop) war einst so beliebt, daß es Modell zur häufigen Nachahmung wurde. Der Dichter fordert sich selbst zu abendlichem Lob und Dank auf, die er dann für das gelungene Werk und die gnädige Bewahrung ausspricht. Ein langer Katalog von Bitten schließt sich an: um Vergebung der Schuld, um Bleibe und Beistand in der *betrübten Nacht*, um Schutz und Schirm vor den finsteren Ränken, bis er schließlich *Amen* sagen kann. Die 5. Strophe hat J.S. Bach aus seiner guten Kenntnis des Gesangbuchs in die Szene der Petrus-Verleugnung in seiner Matthäus-Passion eingefügt. Die originellste Strophe fehlt leider in unserem Gesangbuch:

Wenn mein' Augen schon sich schließen
und ermüdet schlafen ein,
muß mein Herz dennoch geflissen
und auf dich gerichtet sein.
Meiner Seele mit Begier
träume stets, o Gott, von dir,
daß ich fest an dir bekleibe [klebe, hafte]
und auch schlafend dein verbleibe. (ursprünglich Str. 9)

Man sollte an seinen Liedern zu den beiden Sakramenten nicht ganz vorübergehen. Sie sind zwar weniger zum Singen geeignet, aber sie zeigen die dichterische Kraft, wie Theologie in Poesie umgesetzt werden kann. Das Tauflied nach dem Versmaß Luthers (s. EKG 146) nimmt die vielfältigen Motive der neutestamentlichen Aussagen auf, und es gelingt dadurch dem Dichter, über die verharmlosenden Anschauungen einer Kindertauf-Praxis hinauszukommen.

O welch ein unvergleichlichs Gut
gibst du, Herr, deinen Kindern!
Das Wasser und zugleich dein Blut
verehrest du den Sündern.
Drei Dinge sind, welch' allermeist
auf Erden Zeugnis geben:
das Blut, das Wasser und der Geist;
die können uns erheben
zu einem Freudenleben. (Str. 1)

Du hast uns durch dies Sakrament
der Kirchen einverleibet
also, daß man uns Christen nennt
und in dein Buch jetzt schreibet.
Dies Wasserbad hat uns im Wort
auch rein gemacht von Sünden;
dein guter Geist, der woll hinfort
die Herzen recht entzünden
und Lieb in ihnen gründen. (Str. 3)

Herr, laß uns doch den Reben gleich
auch gute Früchte bringen
und aus der Welt nach deinem Reich
im Glauben eifrig ringen.
Laß uns durch wahre Reu und Buß

auch täglich mit dir sterben,
demnach der alte Adam muß
bis auf den Grund verderben,
soll man dein Reich ererben. (Str. 7)

Hilf, daß wir diesen Gnadenbund
der Taufe nie vergessen,
und sich kein freches Herz noch Mund
zu schmähen ihn vermessen.
Die Taufe muß in Angst und Pein,
ja wenn wir gehn von hinnen,
Herr, unser Trost und Freude sein:
das heißt der Welt entrinnen,
den Himmel zu gewinnen. (Str. 8)

Außer den Abendmahlsliedern Du Lebensbrot, Herr Jesu Christ und O Jesu, meine Wonne, die früher viel zur Austeilung gesungen worden sind, fällt vor allem ein Gesang auf, der das Wesen des Abendmahls nicht in theologischen Differenzierungen, sondern in beziehungsreichen Bildern zu erfassen sucht.

O grosses Werk, geheimnisvoll,
das höchlich zu verehren!
O Werk, das stündlich in uns soll
durch seine Kraft vermehren
Bereuung unsrer schweren Schuld,
Furcht, Glauben, Hoffnung und Geduld,
Zucht, Lieb und aller Tugend Zahl:
o Himmels-Saal,
o hochgepriesnes Abendmahl! (Str. 1)

Hier ist des Lebens Baum gesetzt,
desselben Blätter heilen,

was durch den Satan war verletzt
mit so viel Sünden-Pfeilen.
Hier ist das Holz, ganz voller Saft,
von Früchten süß, sehr groß von Kraft,
ja dessen edle Lieblichkeit
zu aller Zeit
vertreibt des Todes Bitterkeit. (Str. 2)

Hier ist das rechte Himmelsbrot,
von Gott uns selbst gegeben,
das für den wohlverdienten Tod
uns wiederbringt das Leben.
Dies ist der Christen Unterhalt,
dies macht die Seelen wohlgestalt',
dies ist der Engel Speis und Trank;
dafür ich Dank
Gott singen will mein Leben lang. (Str. 3)

Hier ist die rechte Himmels-Pfort,
hier steht der Engel Leiter,
Israels auserwählter Ort
und seiner Lust Bereiter.
Hier steigen wir mit vollem Lauf
in Christus stracks zum Himmel auf,
der uns durch ihn ist zuerkannt:
o herrlichs Pfand,
o allerliebstes Vaterland! (Str. 5)

O Gottes Fleisch, o heiligs Blut,
das auch die Engel ehren!
O Himmels-Speis, o höchstes Gut,
wozu in Furcht sich kehren
die Kräft' und Thronen Wunders voll!
Herr, meiner Seelen ist so wohl,

es trifft sie schon in dieser Qual
ein Freuden-Strahl:
o hochgepriesnes Abendmahl! (Str. 11)

*

Im heutigen Evangelischen Kirchengesangbuch sind es noch acht Lieder, die wir Rist verdanken; mit diesem Umfang steht er an sechster Stelle. *Blitze höchster Erhellung, Abgründe tiefster Erschütterung und Zerknirschung* (R.A. Schröder) kennt sein Liederwerk nicht. Aber er *besitzt eine größere Feierlichkeit und Lebhaftigkeit als selbst Gerhardt und steigt bisweilen zum Erhabenen auf, wodurch er sich vor sämtlichen Liederdichtern seines Jahrhunderts auszeichnet* (A.Fr.Chr. Vilmar). *Vor allem hat er uns feiernde Festlieder gegeben, mehr als irgend einer zwischen Luthers und Gerhardts Tagen* (W. Nelle). In schwung- und kraftvoller Frische, in heller runder Freudigkeit der hochgestimmten Saiten führt er uns biblisch orientiert und verkündigend pointiert durchs Kirchenjahr.

Er beginnt seinen Gang mit dem Adventslied AUF, AUF, IHR REICHSGENOSSEN (EKG 8 mit der Originalmelodie von Th. Selle). Eine grandiose Variation des einen Kernsatzes: auf, frischauf – Christus, euer König kommt – ein Heiland und Helfer! Hier ist der Wortschwall – das Lied ist noch um drei Strophen gekürzt – als seelsorgerliche Bemühung nun wirklich angebracht; Rist spricht die Betrübten und Vielgeplagten in den Nöten des Großen Krieges unmittelbar an (Str. 4). Locker verknüpft er die Stichworte des Evangeliums vom Einzug Jesu in Jerusalem immer wieder mit den zentralen Gedanken der heutigen Begegnung *im Nachtmahl, Tauf und Wort* (Str. 2). Hilfe ist zugesagt, darum geht ihm entgegen! Christus wird als *König* gezeichnet und die Christen als *Reichsgenossen*, die seiner Herrschaft angehören. Das unterstreicht die kühn bewegte, herb energische Melodie – paßt das Lied deshalb so wenig in unsere verniedlichte Adventsstimmung?

Zu Weihnachten singt er ERMUNTRE DICH, MEIN SCHWACHER GEIST (EKG 24 mit der Originalmelodie von J. Schop, die allerdings erst später zu dieser ebenmäßigen Gestalt gefunden hat). Das Lied will primär nicht verkündigen, nicht erzählen oder belehren. Es ist ein Selbstgespräch des einzelnen, der sich dem unergründlichen Geheimnis der Menschwerdung Gottes in immer neuen Anläufen nähern möchte; eine breit ausladende Reflexionsdichtung, ein Andachtslied in höchster Kunstfertigkeit und tiefster Gläubigkeit, ein *Seelenlied* mit allen Erfahrungen und Empfindungen. Es beginnt mit einem Selbstappell an das in Glaubensdingen so träge Ich (Str. 1); *ermuntern* wird hier wohl erstmals in der Literatur genannt; später wird es geradezu zu einem Lieblingswort des Kirchenlieds. Es folgt ein Zwiegespräch mit dem Krippenkind (Str. 2 und 5), aber in dichterischer Phantasie auch mit den Requisiten der Weihnachtsgeschichte: der Nacht (Str. 3), dem Morgenlicht, dem Hirtenvolk (Str. 4), ja sogar in nun gestrichenen Strophen mit *O bleicher Mond* und *Du dummes Vieh*! Keine Anlaufstation wird außer acht gelassen, mit der sich der Sänger die Bedeutung der Inkarnation Gottes zum Bewußtsein bringen könnte.

In echt barocken Kontrastfiguren, mit fast unerträglicher Dialektik werden Gottestitel und Verheißungselemente des Alten Testaments aneinandergereiht: *ein kleines Kind, das Vater heißt* (Str. 1) ist aus dem Messias-Wort Jes 9,5 f. zu verstehen: *Wunder-Rat, Gott-Held, Ewig-Vater, Friede-Fürst*. In dieser Hinsicht ist eine erklärende Strophe zu nennen, die leider der Bändigung der Bilderflut zum Opfer gefallen ist:

Du Fürst und Herrscher dieser Welt,
du Friedens-Wiederbringer,
du kluger Rat und tapfrer Held,
du starker Höllen-Zwinger,
wie ist es möglich, daß du dich
erniedrigest so jämmerlich,
als wärest du im Orden
der Bettler Mensch geworden? (nach Str. 2)

Elemente aus dem Neuen Testament werden eingeschmolzen: Christus, der Macht hat über Himmel und Erde, der die Dämonen austreibt und den Satan bezwingt. Hinzugefügt sind Motive der spätmittelalterlichen geistlichen Minnelyrik und der mystischen Innerlichkeit, und dies in der von Gefühlen gesättigten Prunksprache des Barock: süßer Bräutigam und gefreite Braut, Kind und Knabe, das Herz als Schlaflager – das Fest der Geburt wird hier als Fest der messianischen Hochzeit (Hos 2,21) zwischen Jesus und der von ihm erwählten und geliebten Welt gefeiert. Die einmalige Strophe der Hingabe im Gerhardtschen Ton sollte nicht vergessen sein:

Sag an, mein Herzens-Bräutigam,
mein Hoffnung, Freud und Leben,
mein edler Zweig aus Jakobs Stamm,
was soll ich dir doch geben?
Ach nimm von mir Leib, Seel und Geist,
ja alles, was Mensch ist und heißt;
ich will mich ganz verschreiben,
dir ewig treu zu bleiben. (nach Str. 5)

Es ist wahr: fast zuviel der Assoziationen für ein Lied; Rists Gedichte gewinnen nur an Präzision, wenn sie kräftig gekürzt werden. Der Gedankengang springt von Thema zu Thema, und so sind die Komponisten im Recht, wenn sie aus diesem

Schatzkästlein die einzelnen köstlichen Perlen herausnehmen: V. Lübeck zu seiner Kantate (Str. 2ff.) und J.S. Bach zu der unvergeßlichen Stelle der Hirtenszene im Weihnachtsoratorium (Str. 4). Von dieser Strophe läßt sich Max von Schenkendorf 1814 zu seinem Lied BRICH AN, DU SCHÖNES MORGENLICHT!/ DAS IST DER ALTE MORGEN NICHT,/ DER TÄGLICH WIEDERKEHRET inspirieren. Die originale Melodie stützt sich nicht auf Motive aus dem Volkslied oder aus dem Gregorianischen Choral, sondern fügt die künstlerischen, aus der Barockharmonik gespeisten Einfälle eines Komponisten aneinander. Der bewegte Sechsvierteltakt, die lebendigen Punktierungen und der nach abwärts gerichtete Sextsprung gegen Schluß lassen Tanzformen als Modell durchschimmern.

Mit seinem Neujahrslied HILF, HERR JESU, LASS GELINGEN (EKG 41 mit der Originalmelodie von J. Schop) möchte der Dichter die Schwelle der Jahreswende *in und mit dem allersüßesten Namen Jesu* (Liedtitel) überschreiten. Schon längst war liturgisch der Festinhalt von der Beschneidung Jesu auf den der Namensgebung übergegangen. Jesus heißt: *der Herr hilft!* Und von Psalm 118,25 ausgehend: *O Herr, hilf; o Herr, laß wohlgelingen!*, bedenkt Rist alle künftigen Gelegenheiten, alle Schritte und Handgriffe. In den ausgefallenen Strophen wird dies noch deutlicher:

Alles, was ich auszurichten
und zu reden bin bedacht,
müsse mich, mein Gott, verpflichten
deines teuren Namens Macht,
daß auch das, was ich gedenke,
dich zu preisen stets sich lenke. (nach Str. 1)

Laß mich beugen meine Knie
nur zu deines Namens Ehr...

Laß mich, Herr, in deinem Namen
fröhlich nehmen Speis und Trank ... (nach Str. 2)

Bewußt angelegter Höhepunkt sind die Schlußstrophen mit der Häufung des Jesus-Namens (Str. 5 f.): ein immerwährendes, tief sich einprägendes Jesus-Gebet.

Der Beitrag zum Erscheinungsfest WERDE LICHT, DU STADT DER HEIDEN (EKG 51) verdankt seine Entstehung dem Drang nach Vollständigkeit. 1655 gibt Rist seine Lieder für die *hohen und (all)gemeinen Fest-, Apostel- und anderen Festtage* heraus. Im Vorwort beklagt er den Mangel an geeigneten Liedern für die Höhepunkte des Kirchenjahrs, die *so gar dünne gesäet, daß derer zuzeiten drei oder vier, ja bisweilen kaum ein ein(z)iges zu finden, so sich recht auf die Feiertage schicke.* Als Stoff für sein Lied greift er wie in ähnlichen Fällen auf die einschlägigen Bibeltexte des Alten (Jes 60,1 ff.) und Neuen Testaments (Lobgesang des Zacharias Lk 1,78 f.) zurück, und in echt barocker Manier gestaltet er die großen Spannungen, ja die Paradoxien von Licht und Finsternis aus. Der Umschreibung der Gegensätze dienen einige Strophen, die durch Kürzung im Gesangbuch verlorengegangen sind:

Finsternis fand sich auf Erden,
finster war es in der Lehr,
alles wollte finster werden,
sodaß auch des Höchsten Ehr
und der Wahrheit unterdessen
in dem Finstern ward vergessen. (nach Str. 1)

Liebster Jesu, laß uns leuchten
dein erfreulichs Angesicht,
laß uns deine Gunst befeuchten,
wenn das Kreuzfeu'r auf uns sticht;
laß uns ja wie Christen handeln
und in deinem Lichte wandeln. (nach Str. 4)

Zur Passion Christi hat sich seltsamerweise nur ein spezielles Lied erhalten: O TRAURIGKEIT,/ O HERZELEID (EKG 73). Im Mittelalter entwickelt sich der Trauerritus der Grablegung Jesu am Karfreitag als Teil der dramatischen Begehung von Tod und Auferstehung. In einer Seitenkapelle wird das Heilige Grab hergerichtet. Dorthin trägt man in feierlicher Prozession die verhüllte Monstranz mit der in den Leib Jesu verwandelten Hostie oder das mit einem Schleier verdeckte Kruzifix. Für diese Handlung bieten die katholischen Gesangbücher ein Lied des Friedrich von Spee. Irgendwo hat Rist die erste Strophe gehört. In einer Bemerkung sagt er selbst: *... es ist mir der erste Vers dieses Grabliedes benebenst seiner andächtigen Melodie ohngefähr zuhanden kommen. Wann mir denn selbige insonderheit wohl gefallen, als(o) habe ich, dieweil ich der anderen Vers' gar nicht teilhaft werden können, die übrige sieben, wie sie allhier stehen, hinzugesetzt* – hier einmal ein seltener Bericht eines Autors über den Entstehungsvorgang seines Liedes. Als Protestant versteht Rist von vornherein den Vorgang der Grablegung als verinnerlicht andächtiges Mitgehen, nicht als heilsgeschichtlich rituelles Begehen. Und er weiß es poetisch wirkungsvoll in Szene zu setzen: Kläglich stockende Seufzer, in der Melodie schon vorgeformt, lösen sich in den zügig formulierten Aussagen der Langzeilen. Nirgends sonst im Gesangbuch wird das Sterben Jesu so ganz und gar als menschliches Sterben in all seiner Härte rückhaltlos und zugleich teilnahmsvoll dargestellt; die Grablegung als Zeichen vollständiger Vernichtung, eine unwiderrufliche Grenze. Kein Schimmer von Ostern leuchtet herein.
Die Trauer ist darum so übergroß, weil dieser Tod nicht nur als menschliches Ende, sondern als Gottes Geschick begriffen wird: *O große Not,/ Gott selbst liegt tot!* (Str. 2 im Original!). Eine Aussage gefährlich am Abgrund, eine Vorform der Tod-Gottes-Theologie, und sie hat zu allen Zeiten bis hin in unser

Gesangbuch heftigen Widerspruch und abschwächende Korrektur erfahren. Totale Sonnenfinsternis – so ernst muß man das Kreuz nehmen. Aber setzt nicht die Gebetsrichtung am Schluß (Str. 6) das Wissen um die Auferstehung voraus? Nur zu einem lebenden, nicht zu einem begrabenen Herrn und Gott kann man sich flehend und bittend wenden.

Es ist nun wirklich ein Mangel, daß Rists Osterverkündigung in keiner Spur ins Gesangbuch gekommen ist. Hier vermag er trotzige und tröstliche, gewisse und gewichtige Töne zu finden. Die Originalmelodie von Johann Schop singen wir bei Paul Gerhardts Loblied (s. EKG 232). Der Refrain *Freue dich, o Christenheit* wird später zur Keimzelle des bekannten Weihnachtsliedes von Johannes Falk (s. EKG WÜ 406).

Lasset uns den Herren preisen,
o ihr Christen überall;
kommet, daß wir Dank erweisen
unserm Gott mit süßem Schall.
Er ist frei von Todesbanden,
Simson, der vom Himmel kam,
und der Löw' aus Juda Stamm,
Christus Jesus, ist erstanden.
Nun ist hin der lange Streit:
freue dich, o Christenheit! (Str. 1)

Christus selbst hat überwunden
des ergrimmten Todes Macht;
der in Tüchern lag gebunden,
hat die Schlange umgebracht.
Satans Reich ist ganz verheeret,
Christus hat es nach der Ruh
ausgetilget und dazu
Belial sein Schloß zerstöret,

daß wir haben frei Geleit:
freue dich, o Christenheit! (Str. 2)

Tod, wo sind nun deine Waffen?
Hölle, wo ist dein Triumph?
Satan konnte gar nichts schaffen,
seine Pfeile wurden stumpf.
Christus ist sein Gift gewesen,
ja der Höllen Seuch und Pest;
Welt und Sünde liegen fest,
und wir Menschen sind genesen
nur durch seinen tapfren Streit:
freue dich, o Christenheit! (Str. 4)

Gib, Herr Jesu, deine Gnade,
daß wir stets mit Reuen sehn,
wie so groß sei unser Schade,
daß wir dir gleich auferstehn.
Brich hervor in unsern Herzen,
überwinde Sünde, Tod,
Teufel, Welt und Höllennot;
dämpf in uns die Angst und Schmerzen
samt der Seelen Traurigkeit:
freue dich, o Christenheit! (Str. 10)

Und an seinem anderen Osterlied mit den triumphierenden, beschwingt-daktylischen Zeilen kann der weltüberwindende, sieghafte Glaube seine helle Freude haben:

O FRÖHLICHE STUNDEN,/ o fröhliche Zeit!
Nun hat überwunden / der Herzog im Streit.
Der Löw' hat gekrieget,/ der Löw' hat gesieget.
Trotz Feinden, Trotz Teufel, Trotz Hölle, Trotz Tod!
Wir leben befreiet aus Trübsal und Not. (Str. 1)

O liebliche Stunden,/ o fröhliches Fest!
Jetzt hat sich gefunden,/ der nimmermehr läßt
die traurige Seelen / in Belials Höhlen,
der willig sein Leben für andre verbürgt,
doch endlich den Würger hat selber erwürgt. (Str. 5)

Der Herr ist ein Zeichen / des Sieges, der Ehr,
ein Zeichen, desgleichen / man findet nicht mehr.
Nun hat er gelitten,/ nun hat er gestritten,
nun hat er gesieget den Feinden zu Trutz,
uns aber zum Frieden, zum Nutz und zum Schutz.
(Str. 6)

O Jesu, wir preisen / dein' herrliche Macht
mit lieblichen Weisen:/ Du hast uns gebracht
die Wohlfahrt von oben./ Drum wollen wir loben
dich Helden, dich Kämpfer, dich Löwen im Streit:
Bleib ewig zu helfen uns allen bereit. (Str. 12)

Sein Lied zur Himmelfahrt Christi braucht nur gestreift zu werden; es bringt in Gehalt und Gestalt nichts Neues.

Du Lebensfürst, Herr Jesu Christ,
der du bist aufgenommen
gen Himmel, da dein Vater ist
und die Gemein' der Frommen:
Wie soll ich deinen großen Sieg,
den du uns durch den schweren Krieg
erworben hast, recht preisen
und dir gnug Ehr erweisen? (Str. 1)

Auch zu Pfingsten ist ihm kein Stück gelungen, das an die großen Lieder vom Heiligen Geist heranreichen würde.
Dann aber zum Ende des Kirchenjahrs: Wenn er sich mit Hier und Dort, mit Himmel und Hölle, mit Zeit und Ewig-

keit beschäftigt, wird man auf seine Stimme achten müssen. Das Lied O EWIGKEIT, DU DONNERWORT (EKG 324, mit einer Melodie von J. Schop, die ursprünglich einem anderen Lied von Rist zugehörte) überschreibt er als *ernstliche Betrachtung der unendlichen Ewigkeit*. Vermutlich läßt er sich wie im Fall der Grablegung Christi durch ein ähnliches Lied im Katholischen Gesangbuch Köln 1623 anregen. Seine 16 Strophen im eigenen Versmaß sind groß angelegt und künstlerisch vollendet. Ihn läßt das Rätsel der Zeit, besonders aber der Gegensatz der Zeit zur Ewigkeit nicht mehr los. Er kann sich die *Zeit ohne Zeit* (Str. 1) nicht vorstellen; sie jagt ihm Angst und Schrecken ein. Und wenn der Richterspruch Gottes ihn gar zur ewigen Verdammnis verurteilt? Gebannt schaut sein Blick in das Inferno: Es ist ja gerade die Pein in Unendlichkeit, die die Hölle zur Hölle macht. Jedes irdische Unglück kommt an eine Grenze:

> Was acht ich Wasser, Feur und Schwert?
> Dies alles ist kaum nennenswert,
> es kann nicht lange dauern.
> Was wär es, wenn gleich ein Tyrann,
> der fünfzig Jahr kaum leben kann,
> mich endlich ließ vermauern?
> Gefängnis, Marter, Angst und Pein,
> die können ja nicht ewig sein. (nach Str. 3)

Jede Krankheit, jedes Leiden findet ein Ende. Aber die ewige Verdammnis? Die Höllenqualen schildert Rist für seine Zeit relativ zurückhaltend, aber mit erdrückender Wucht und logischer Konsequenz:

> Nun aber, wenn du die Gefahr
> viel hunderttausend tausend Jahr
> hast kläglich ausgestanden

und von den Teufeln solcher Frist
ganz grausamlich gemartert bist,
ist doch kein Schluß vorhanden.
Die Zeit, so niemand zählen kann,
die fänget stets von neuem an . . .

Solang ein Gott im Himmel lebt
und über alle Wolken schwebt,
wird solche Marter währen.
Es wird sie plagen Kält und Hitz,
Angst, Hunger, Schrecken, Feur und Blitz,
und sie doch nie verzehren.
Denn wird sich enden diese Pein,
wenn Gott nicht mehr wird ewig sein . . . (nach Str. 4)

Und der Übergang von einer Existenzweise in die andere, die der Tod markiert, kann schnell eintreten.
Von seiner Vision der langen und bangen Ewigkeit kehrt er wieder in die Zeit zurück. Ist Ewigkeit ein *Anfang sonder* [ohne] *Ende* (Str. 1), wird es über alle Maßen wichtig, wie die Zeit richtig genutzt werden kann. Jetzt wird die Botschaft zum Bußruf, der die abgestumpften Geister aufrütteln will, ein Paukenschlag gegen den Taumel der Lebenslust, eine Warnung vor dem Groll eines heraufziehenden Unwetters.

Ach laß die Wollust dieser Welt,
Pracht, Hoffart, Reichtum, Ehr und Geld
dir länger nicht gebieten.
Schau an die große Sicherheit,
die falsche Welt und böse Zeit
zusamt des Teufels Wüten.
Vor allen Dingen hab in acht
die vorerwähnte lange Nacht . . . (nach Str. 4)

Dabei bleibts, das Ringen hört nie auf. Wenn Rist zum Schluß (Str. 5) noch einmal die Anfangsstrophe zitiert, kann er sein Erschrecken nur zitternd und zagend mit dem Gebet überwinden: *Nimm du mich, wenn es dir gefällt,/ Herr Jesu, in dein Freudenzelt* (Str. 5).

Die Zeitgenossen haben sich von seiner packenden Anschaulichkeit, seinem unerbittlichen Ernst erschüttern lassen; der junge Graf von Zinzendorf ist von diesem Lied tief beeindruckt. In seiner negativen Einseitigkeit ist es schon bald als unerträglich empfunden worden. Viele Erwiderungen und parallele Ergänzungen sind entstanden, und die Antwort von Kaspar Heunisch ist in unser Gesangbuch gekommen: O Ewigkeit, du Freudenwort (EKG 325). Auch bei Rist selbst hätte man die andere Sicht der Ewigkeit finden können. Auch er weiß von der Hoffnung des Glaubens, von der Herrlichkeit der ewigen Stadt, von dem *herzlichen Verlangen nach dem himmlischen Jerusalem* zu singen.

O Gottes Stadt, o himmlisch Licht,
o große Freud ohn Ende!
Wann schau ich doch dein Angesicht,
wann küß ich dir die Hände,
wann schmeck ich deine große Güte?
O Lieb, es brennet mein Gemüte,
ich lieg und seufze mit Begier,
o allerschönste Braut, nach dir. (Str. 1)

O Zion, du gewünschte Stadt,
du bist nicht auszugründen.
O Stadt, die lauter Wollust hat,
in dir ist nicht zu finden
Schmerz, Krankheit, Unglück, Trauern, Zagen,
Nacht, Finsternis und andre Plagen;

es ändert sich nicht Tag noch Zeit,
in dir ist Freud und Ewigkeit. (Str. 9)

O Stadt, in dir bedarf man nicht
der Sonnen güldne Strahlen,
des Monden Schein, der Sterne Licht,
den Himmel bunt zu malen.
Dein Jesus will die Sonne bleiben,
die alles Dunkle kann vertreiben;
nur ihn zu schauen offenbar,
ist deine Klarheit ganz und gar. (Str. 10)

O Gott, wie selig werd ich sein,
wann ich aus diesem Leben
zu dir spring in dein Reich hinein,
das du mir hast gegeben.
Ach Herr, wann wird der Tag doch kommen,
daß ich zu dir werd aufgenommen!
Ach Herr, wann kommt die Stund heran,
daß ich in Zion jauchzen kann! (Str. 16)

Rist ist in seinem Leben und Dichten ein echter Barockmensch: gewaltig im Lebensgefühl der diametralen Gegensätze, weit ausholend im Gedankengang und wortreich in der Schilderung. Manchmal gehen ihm die Formulierungen zu leicht und locker über die Lippen; nicht immer sind sie durch die Tiefe der Betroffenheit gedeckt. Er spielt zuweilen nur mit den Bildern und reiht sie aneinander, wie es der zeitgenössischen Konvention und seinem zweifellos großen Können entspricht; oft empfindet man seine starke Zeitgebundenheit. Aber gewiß werden einige Lieder als gültige Schöpfungen bleiben oder wieder neu zum Leuchten kommen. Die

Erfahrung zeigt, daß sich je und dann an verschiedenen Stellen unseres Gesangbuchs eine unerwartete Gleichzeitigkeit mit den alten Meistern einstellen kann.

Johann Scheffler
1624–1677

Jetzt wird die Welt recht neu geborn,
jetzt ist die Maienzeit;
jetzt tauet auf, was war erfrorn
und durch den Fall verschneit;
jetzt sausen die Winde
erquicklich und linde,
jetzt singen die Lüfte,
jetzt tönen die Grüfte,
jetzt hüpft und springet Berg und Tal.

Jetzt ist der Himmel aufgetan,
jetzt hat er wahres Licht;
jetzt schauet Gott uns wieder an
mit gnädgem Angesicht;
jetzt scheinet die Sonne
der ewigen Wonne;
jetzt lachen die Felder,
jetzt jauchzen die Wälder,
jetzt ist man voller Fröhlichkeit …

Jetzt ist die Welt voll Herrlichkeit
und voller Ruhm und Preis;
jetzt ist die wahre goldne Zeit
wie vor im Paradeis.
Drum lasset uns singen
mit Jauchzen und Klingen,

Johann Scheffler
1624 – 1677

frohlocken und freuen,
ertönen und schreien:
Gott in der Höh sei Lob und Ehr...

Aus einem Weihnachtslied Schefflers
unter der Überschrift *Sie* [die Psyche] *jauchzet*
über der Geburt Christi – 1657

Auch ein Konvertit, einer, der die ererbte Glaubenstradition verläßt und einer anderen Bekenntnisgemeinschaft beitritt, ist nicht aus der Liste der Liedermacher gestrichen. Zu allen Zeiten hat das geistliche Singen die engen Grenzen der Konfessionen gesprengt; stets hat ein Austausch zwischen hüben und drüben stattgefunden. An Beispielen, die leicht zu vermehren wären, läßt es sich eindrücklich ablesen. Luther zehrt für sein Liedschaffen aus der tausendjährigen Geschichte des vorreformatorischen Mittelalters. Die katholischen Gesangbücher bei Michael Vehe 1537 und von Johann Leisentrit 1567 wiederum können und wollen sich der protestantischen Singbewegung nicht entziehen. Und so sind, ohne Verfassernamen zu verzeichnen, auch lutherische Lieder aufgenommen, durch eine vorangesetzte Strophe leicht kaschiert oder durch eine veränderte Schlußwendung der jeweiligen Kirchenlehre angepaßt. Der musische Grenzverkehr reicht weit: Luther bittet den katholischen Komponisten Ludwig Senfl um eine Motette über seinen biblischen Wahlspruch und bekommt deren zwei übersandt. Wiederum werden die von evangelischen Meistern geschriebenen lateinischen Motetten, Magnifikats und Messen problemlos in der Schule und im Kult der anderen Kirche verwendet. Bachs Passionen und Händels Oratorien erklingen auch in katholischen Feierräumen; ebenso finden Orchestermessen und Chorwerke der Wiener Klassik in evangelischen Gotteshäusern einen würdigen Aufführungsort. Der katholische Max Reger hat in seinen Orgelwerken das protestantische Kirchenlied tiefer verstanden und farbiger bearbeitet als alle evangelischen Kollegen seiner Zeit; während der nordisch protestantische Johannes Brahms auch Marienlieder komponiert und mit seinem Chor einübt und aufführt. Das evangelische Gottesdienstverständnis unserer Zeit ist undenkbar ohne die katholische Liturgiebewegung, die um die Wiederbelebung von Geist und Gestalt des Gregorianischen Chorals für Psalmen, Stundengebet und Eucharistiefeier gerungen hat; und das katholische Gesangbuch GOTTESLOB enthält eine stattliche Anzahl ursprünglich evangelischer Lieder, nun mit einem *ö – ökumenisch* gekennzeichnet. Fazit: Geistliches Singen und Musizieren gehören zum Allgemeinbesitz des christlichen Glaubens; sie sind ein für alle zugänglicher Ausdruck der rechten Antwort auf Gottes ansprechendes Wort. In diesem Bemühen wird lange, im Grunde schon immer eine selbstverständliche Koexistenz, eine natürliche und sachgemäße Ökumene gepflegt, wie sie am Verhandlungs- oder am Abendmahlstisch bislang nicht möglich ist. Auch ein Konvertit wird nicht verdammt oder verbannt, wenn er denn mit seiner geistlichen Dichtung für Glauben und Leben etwas zu sagen hat.

Johann Scheffler ist 1624 in Breslau in Schlesien geboren. Sein Vater Stanislaus oder Stentzel, ein geadelter Land-Edelmann, war wohl um des evangelischen Glaubens willen aus Polen in das benachbarte Schlesien ausgewandert. Da dem Vater die Religion so viel bedeutet, ist anzunehmen, daß der Sohn in den Bahnen des bewußten lutherischen Bekenntnisses erzogen und ausgebildet wird. Er besucht das Elisabeth-Gymnasium in Breslau, jene hochgeachtete humanistische Bildungsstätte in dieser wohlhabenden, schönen und großen Stadt mit 40000 Einwohnern. Hier wird auch seine Dichtergabe entdeckt und geweckt; besonders Christoph Köler, Freund und Biograph von Martin Opitz, fördert ihn. So knüpft die zweite schlesische Dichterschule, zu der Scheffler einmal gerechnet wird, an der ersten um Opitz und Heermann an. Noch in der Schulzeit werden seine ersten weltlichen Gelegenheitsgedichte gedruckt; bei einer Schulfeier trägt er seine Nachdichtung von Psalm 22, die Geschichte des Propheten Jona und der sittenlosen Stadt Ninive und bei einer *deutsch-poetischen Maien-Lust* sein Lied über die Nachtigall vor.

1643 – mit 19 Jahren – zieht er wie viele seiner schlesischen Landsleute zur Universität Straßburg. Er hat sich zum Studium der Medizin entschlossen, ohne dabei Philosophie, Politik und Geschichte zu vernachlässigen. Ein Jahr später wechselt er zur holländischen Universität Leiden. Dort erlebt er ein anderes geistig-geistliches Klima. Die Niederlande hatten sich unter Führung des Fürstenhauses Oranien von Spanien freigekämpft und von der römischen Kirche losgelöst. Jetzt wird diese Gegend zur Zufluchtsstätte für zahlreiche Minderheiten, Gruppen und Grüppchen, die sich aus verschiedenen Gründen vom äußeren Kirchentum getrennt haben: Mennoniten und Wiedertäufer, Ekstatiker und Spiritualisten, Seelenführer und Individualisten; und zum Wurzelboden der Sehnsucht nach einem wesentlichen, verinnerlichten Glaubensleben. Die Strömungen von jüdischer Kabbala, mittelalterlicher Mystik und endzeitlichem Chiliasmus durchdringen sich und schaffen eine geistliche Atmosphäre, in der sich die Erweckten in selbstvergessener Betrachtung in die ewige Liebe versenken und in Verzückungen und Visionen zur Wesensschau und Einung Gottes erheben wollen.

Scheffler findet Zugang zu solchen Kreisen, und er fängt Feuer; er beschäftigt sich mit Glaubensfragen und erhält eine Lebensprägung, die anders geartet ist als seine lutherische

Erziehung. Vielleicht trifft er jetzt auch in Amsterdam seinen Landsmann Abraham von Franckenberg, der dort die Manuskripte des Görlitzer Schusters und mystischen Theosophen Jakob Böhme zum Druck bringen will. Franckenberg selbst verdankt diesem Gedankengut seine innere Umkehr: Er wurde *in einen stillen Sabbat gezogen, hörte unaussprechliche Worte der Kraft und sah ein Licht über alle Lichter.* Auch Scheffler ist beim Studium dieser Schriften stark berührt und bekennt später im Rückblick: *Sie sind große Ursach gewest, daß ich zur Erkenntnis der Wahrheit kommen und mich zur katholischen Kirche begeben habe.* Der Sitte der Zeit entsprechend schließt er seine Studiengänge 1648 – mit 24 Jahren – in Padua als Doktor der Medizin und Philosophie ab.

Nach fünf Jahren innerer und äußerer Bewegung kehrt er in die schlesische Heimat zurück. Er nimmt 1649 eine Anstellung als Leibarzt des Herzogs Sylvius Nimrod in Oels an; finanziell kann er von den Zinsen des väterlichen Erbes leben. Hier weht eine andere Luft als in den freiheitlichen Niederlanden. Der Herzog ist ernst und streng, wenn er einen Totenkopforden zur Erinnerung an die menschliche Vergänglichkeit und als Anreiz zur gehorsamen Tugend stiftet; und bekenntnisbewußt, wenn er seiner reformiert gebliebenen Gemahlin nicht einmal einen Beichtvater ihrer Konfession anstellt. Der Hofprediger führt ein unbarmherziges, orthodox-lutherisches Kirchenregiment: viel Zwang und Zensur, viel äußerliche Etikette und Buchstabenfrömmigkeit. Scheffler fühlt sich beengt und abgestoßen, immer mehr ausgestoßen. Er schließt sich mit Abraham von Franckenberg zusammen, der 1650 von Danzig auf sein dicht bei Oels gelegenes Gut Ludwigsdorff zurückgekehrt ist. Er hält sich vom offiziellen Gottesdienst fern, von Beichte und Abendmahl. Als er es wagt, sich offen gegen Sätze der Augsburgischen Konfessionsschrift und der lutherischen Zeremonienordnungen auszusprechen, als er sich gar besonderer Gesichte und Erscheinungen rühmt, gerät er in Konflikt mit der hohen Geistlichkeit. Herzog und Hofprediger verweigern die Druckerlaubnis, als er einmal Gedichte und Erbauungsschriften herausgeben will; er gilt als Ketzer und Schwärmer. Wie seine Seele und sein Geist in einer anderen Welt leben, zeigt allein schon die Schlußstrophe aus dem CHRISTLICHEN EHREN-GEDÄCHTNIS 1652 zum Begräbnis seines Freundes Abraham von Franckenberg:

> Wer Zeit nimmt ohne Zeit, und Sorgen ohne Sorgen,
> wem gestern war wie heut, und heute gilt als morgen,
> wer alles gleiche schätzt: der tritt schon in der Zeit
> in den gewünschten Stand der lieben Ewigkeit.

Dann hält ihn nichts mehr: Noch 1652 kündigt er seine Stellung als Arzt in Oels und zieht nach Breslau. Ohnehin sind ihm die seelisch-geistlichen Fragen wichtiger geworden als die leiblich-medizinischen. Er studiert noch gründlicher die älteren Mystiker wie Meister Eckhart, Johannes Tauler und Heinrich Seuse, die Visionen der Gertrud und Mechthild von Hackeborn und die Zeugnisse der eben bekannt werdenden spanischen Quietisten. In Breslau begegnet er den rührigen Jesuiten, die in eben diesem Gedankengut leben und lehren; ihnen fühlt er sich wesensverwandt. Und so geschieht es: Er, der eigentlich als mystischer Separatist unabhängig von jeder Kirchengemeinschaft dem inneren Christentum lebt, tritt 1653 – mit 29 Jahren – zur katholischen Kirche über. In St. Matthias in Breslau nimmt er bei der Firmung den Namen *Johannes Angelus* – Bote und Engel – nach einem spanischen Mystiker des 16. Jahrhunderts an und setzt zur Unterscheidung von einem lutherischen Superintendenten Johannes Angelus in Darmstadt den Herkunftsnamen *Silesius* hinzu.

Der Übertritt wirbelt in jenen spannungsgeladenen Zeiten der Gegenreformation viel Staub auf. Er selbst sieht später seinen Schritt so: *Ich habe als ein aufrichtiger Christ gehandelt, indem ich, was ich in meinem Herzen getragen, in gänzlicher Überzeugung meines Gewissens mit dem Munde öffentlich bekannt habe* – während ihm der lutherische Hofprediger unlautere Beweggründe unterstellt: *der verdorbene Doktor med. Scheffler sei aus Mangel an Lebensmitteln abgetreten und von den Kreuzherren unterhalten worden.* Er fühlt sich zu einer großen Rechtfertigung gedrungen, die er noch 1653 drucken läßt: JOHANN SCHEFFLERS VON BRESLAU GRÜNDLICHE URSACHEN UND MOTIVEN, WARUM ER VON DEM LUTHERTUM ABGETRETEN UND SICH ZU DER KATHOLISCHEN KIRCHE BEKENNET HAT. Der tatkräftige und einflußreiche Generalvikar Sebastian von Rostock verschafft ihm 1654 bei Kaiser Ferdinand III. den Titel eines Kaiserlichen Hofmedikus *in Anbetracht der getreuen gehorsamsten Devotion und Dienste, der er anjetzo dem hochlöblichen Erzhause erweise.* In Wirklichkeit betätigt er sich nie als Arzt bei Hofe, sondern lebt in Breslau still zurückgezogen, mit seinen neuen Erkenntnissen und seinen poetischen Arbeiten beschäftigt.

Im Jahr 1657 – mit noch jugendlichen 33 Jahren – erscheinen seine beiden bedeutenden und berühmten Dichtungen: CHERUBINISCHER WANDERSMANN und HEILIGE SEELEN-LUST. Von einer konfessionellen Frontstellung sind sie gänzlich unberührt. Man kann nicht unterscheiden, was vielleicht noch in seinem evangelischen Lebensabschnitt entstanden war oder was sich katholischer Prägung verdankt. Beide Bücher repräsentieren in genialer Weise einen Frömmigkeitstyp, der hier wie dort möglich oder unmöglich gewesen wäre, der sich dem breiten Strom mystischen Gedankenguts und schwärmerischer Jesusliebe anschließt und die Grenzen der bestehenden Kirchentümer gar nicht in den Blick nimmt.

Dann aber stürzt er sich doch in den Konfessionenstreit – Übereifer eines Übergetretenen oder Leistungsdruck der neuen Gesinnungsgenossen? –, der im extremen und exzentrischen Fanatismus endet. 1656 schon beteiligt er sich an einer Wallfahrt zum Grab der heiligen Hedwig in einer Weise, die lange im Gedächtnis geblieben ist. Pater Daniel Schwartz erwähnt das Ereignis noch in seiner Leichenrede: *In der ersten Wallfahrt gen Trebnitz ist er vorgegangen, nicht als ein Privatklerikus und minderer Priester, auch nicht wie ein schwacher Mensch, der sich eines Unglücks in der Kühnheit hätte zu befahren, sondern als ein Engel und Gottesbot, unerschrocken und unüberwindlich vorgegangen mit einer brennenden Fackel in der Linken, mit einem Kruzifix in der Rechten und mit einer dörnern Kron auf dem Haupt, mit einem seraphischen Eifer und Resolution im Herzen* – eine wirkungsvolle missionarische Inszenierung!

1661 – er ist nun 37 Jahre – tritt er in die Gebetsgemeinschaft, eine Laienorganisation des Franziskanerordens, ein und empfängt wenige Monate darauf in Neiße die Priesterweihe. Er wird immer mehr zur Seele der Gegenreformation: Er möchte den katholischen Glauben in altem Glanz wiederherstellen, er möchte die gesellschaftliche Bedeutung der römischen Kirche stärken. 1662 bewirkt er, daß zum ersten Mal nach 135 Jahren seit der Reformation – welch ein Triumph! – auf kaiserlichen Befehl eine Fronleichnamsprozession durch die Straßen Breslaus veranstaltet wird; er selbst trägt dabei die Monstranz. Äußerungen des Volkshasses und Spottgedichte treffen auf seine Person; die Trommel der Propaganda wird für und gegen ihn gerührt:

> Dieses Jahr heißt es: zusehen,
> übers Jahr: stille stehen,
> und über zwei Jahr: mitgehen!

Das alles kränkt ihn sehr und treibt ihn tiefer in die Konfrontation und Provokation, die seinem verinnerlichten Denken und Dichten eigentlich fremd sind.
1664 beruft ihn sein Gönner Sebastian von Rostock, der inzwischen Fürstbischof und kaiserlich-habsburgischer Oberhauptmann in Schlesien geworden ist, zu seinem Rat und Hofmarschall; Scheffler profiliert sich als Gegengabe mit einer Reihe von Streitschriften und erweist sich als kompetenter Bekämpfer der evangelischen Kirche. Die eben akute Türkengefahr sei ein Strafgericht Gottes für den Abfall der Protestanten von der katholischen Kirche. Und in der Vorrede zu dieser Türkenschrift begründet er seine grundsätzliche Haltung: *Ich habe lange geschwiegen, aber dann ist mich aus Liebe zum Heil der Seelen ein solcher Eifer und feuriger Antrieb, den verführten und verirrten Schafen dies vorzuhalten, ankommen, daß ich mich auch, weil ich in dieser Materie etwas zu tun vorhin keine Lust noch einigen Gedanken gehabt, auch meine geistliche Ruhe am allerungernsten durch äußere Geschäfte zerrüttet sahe, mit großer Gewalt aus der anmutigen Innigheit habe herausziehen müssen und wirken können...*
Ein zwölf Jahre währender, über ganz Deutschland ausgebreiteter Kirchenstreit und Glaubenskampf kommt in Gang und verschärft sich zusehends. Evangelische Theologen in Jena, Leipzig und Danzig erwidern ihm. Die Schimpfworte und Schmähreden eskalieren auf beiden Seiten; Gewissenszwang und Maßnahmen äußerer Gewalt werden zur Lösung empfohlen. Scheffler fordert zuletzt die Ausrottung der lutherischen Ketzer mit allen Mitteln, denn ihr Anspruch auf Religionsfreiheit entbehre jeder Rechtsgrundlage. Das traurige Ergebnis: Wunden und Risse allenthalben; nach seinen nicht weniger als 55 Streitschriften verstehen ihn Feind und Freund nicht mehr und halten ihn für einen wahnwitzigen Schwärmer. Vor seinem Lebensende sammelt er eine Auswahl der ihm wichtigen polemischen Schriften, die dann nach

seinem Tod als ECCLESIOLOGIA ODER KIRCHENBESCHREIBUNG, BESTEHEND IN 39 AUSERWÄHLTEN TRAKTÄTLEIN erscheinen. In der Vorrede klagt er: ...*Man fiel mich mit den ärgsten Schmähungen, Verleumndungen, Belügungen und Lästerungen, mit unzähligen Schimpf-, Spei- und Spottreden wie mit einem großen Heer Hornissen an... Wie mir damals zumut gewest, der ich auch von vielen Katholischen, welche aus Mangel der Liebe die Ketzer lieber wollen sanft und ruhig in die Hölle fahren lassen als mit der Wahrheit erzürnen, scheel angesehen worden, auch ganz allein und solcher Pfeile noch ungewohnt war, lasse ich einen jeden erachten. Denn es tut einem ehrlichen Gemüte nichts weher, als wenn es in seinen Ehren angegriffen und, wie sonderlich mir geschehen, durch eine ganze Völkerschaft als der ärgste Schelm und Bube durchgezogen und ausgetragen wird. Ich habe es aber alles mit großer Geduld getragen und bin allein wider sie alle gestanden...*

Die polemische Prosa hat seine Berufung zur himmlischen Poesie völlig überdeckt und vielleicht sogar zerstört. Als sein Fürstbischof und Dienstherr 1671 unerwartet stirbt, zieht er sich, des aufreibenden Kampfes müde, in das Kreuzherrenstift St. Matthias in Breslau zurück, wo er 18 Jahre zuvor zur römischen Kirche übergetreten war, und er hält sich öfters, innere Ruhe suchend, im Zisterzienserkloster Grüssau auf. Die Kraft ist erschöpft; trotz seines Lungenleidens arbeitet er an einer bedeutend vermehrten Neuauflage seiner Spruchsammlung. Sein letztes dichterisches Werk SINNLICHE BESCHREIBUNG DER VIER LETZTEN DINGE 1675 zeigt auf erschütternde Weise, wie die frühere Glut der Poesie erloschen ist. Die letzten Dinge: Tod, Jüngstes Gericht, Qualen der Hölle, ewige Freuden der Seligen malt er in 309 achtzeiligen Strophen aus, in greller, übertriebener Phantasie, in der Tendenz zu erschüttern und zu bessern; aber die Grenzen des Erträglichen sind in plumper, roher Gegenständlichkeit überschritten. Die Schlußstrophe zeigt noch einmal den früheren

Hauch seiner Geistesliebe, der nun in das Gleis einer Werkgerechtigkeit eingemündet ist:

Denn hier soll meine Bleibstatt sein,
hier will ich überspringen,
in diesen Port will ich mich ein
mit Sturm und Liebe dringen.
Hier will ich mir ein ewges Haus
durch gute Werke bauen,
auf daß ich ewig mög daraus
Gott und den Herrn anschauen.

1676 übersetzt er ein lateinisches Andachtsbuch unter dem Titel DIE KÖSTLICHE EVANGELISCHE PERLE ZUR VOLLKOMMNEN AUSSCHMÜCKUNG DER BRAUT CHRISTI. In den letzten Wochen seines Lebens läßt er niemand mehr bei sich ein; in schonungslos harter Askese bereitet er sich auf seinen Tod vor. Seine letzten Worte sind ein handschriftlich aufgezeichnetes, hernach gefundenes Gebet, das die Pole seines Denkens und die Bilderwelt seiner Sprache zusammenfaßt: *Jesus und Christus, Gott und Mensch, Bräutigam und Bruder, Friede und Freude, Süßigkeit und Lust, Zuflucht und Erlösung, Himmel und Erd, Ewigkeit und Zeit, Liebe und alles: nimm dich doch meiner Seele an!* 1677 – knapp 53 Jahre alt – stirbt er, und der Jesuitenpater Daniel Schwartz hält ihm die Trauerrede, in der er den *Angelus Silesius* – Bote und Engel – nun wirklich mit einem Engel vergleicht, in der Reinheit und Keuschheit des Leibes, in dem beständigen Anschauen Gottes, in den guten Werken von Fasten und Almosen, in der Bedeutung als Arzt für die Seelen.

*

Es lohnt sich, die beiden Hauptwerke Schefflers aus dem Jahr 1657 genauer zu betrachten: CHERUBINISCHER WANDERSMANN und HEILIGE SEELEN-LUST, unterschieden als Spruchweisheit einerseits und als Liederdichtung andererseits. Der Autor selbst gibt im ersten Buch eine instruktive Auskunft über diese doppelte Gestaltung und über das Verhältnis beider Gattungsformen: *Ich habe den Seraphischen Begehrer* (gemeint ist Heilige Seelen-Lust) *in seiner verliebten Psyche geschrieben zur glückseligen Entzündung des Herzens in göttlicher Liebe, den Cherubinischen Wandersmann aber, um durch denselben die Augen der Seele zur göttlichen Beschaulichkeit zu leiten und zu erheben. Glückselig magst du dich schätzen, wenn du dich beide lässest einnehmen und noch bei Leibes Leben bald wie ein Seraphin von himmlischer Liebe brennest, bald wie ein Cherubin mit unverwandten Augen Gott anschauest; denn damit wirst du dein ewiges Leben schon in dieser Sterblichkeit, so viel es sein kann, anfangen und deinen Beruf oder Auserwählung zu derselben gewiß machen.*

Der volle Titel des ersten Werkes lautet: JOHANNIS ANGELI SILESII CHERUBINISCHER WANDERSMANN ODER GEISTREICHE SINN- UND SCHLUSS-REIME ZUR GÖTTLICHEN BESCHAULICHKEIT ANLEITENDE, Wien 1657, wobei die kirchliche Approbation schon im Juli 1656 ausgesprochen ist. Die Sprüche der Erstausgabe sind zu fünf Büchern geordnet. Das erste Buch – er habe es in vier Tagen in höchster Konzentration verfertigt, sagt er in der Vorrede der späteren Auflage – reicht in seinen Wurzeln vielleicht noch in die Zeit des Aufenthalts in Holland zurück; auch manches Diktum aus den weiteren Büchern könnte schon früher formuliert sein. Die 2. Auflage von 1675, *den Liebhabern der geheimen Theologie und beschaulichens Lebens zur geistlichen Ergötzlichkeit zum andernmal herausgegeben*, ist um ein sechstes Buch vermehrt, das die späteren Reime derselben Gattung und desselben Geistes darbietet. Somit trifft der Leser auf einen Gesamtbestand von 1673

religiös-poetischen Sinnsprüchen, wobei die ersten zehn des sechsten Teils als Sonette stilisiert sind. Die übrigen Sprüche sind gereimte Doppelzeiler, als Epigramme geformt, selten zu erweiterten Formen aneinandergereiht, mit Überschriften als Blickfang und Inhaltsangabe versehen und im Versmaß des Alexandriners abgefaßt, das seit Opitzens Poetik zum modischen Metrum einer gewichtigen Aussage geworden war.
Über diese kurzen Zeilen der Spruchweisheit kann man sich der Gedankenwelt dieses Dichters und Denkers am besten nähern. Kleine, aber scharf geschliffene Diamanten sind es, die sein Geistesleben und seinen Seelenzustand spiegeln; Wortgebilde von fast magischer oder mythischer Wirkung, der man sich nur schwer entziehen kann. Scheffler hat diese Form des Sinnspruchs nicht entdeckt oder erfunden; sie ist zu seiner Zeit in Schlesien schon gut eingebürgert. Friedrich von Logau überträgt 1638 in seiner Sammlung ERSTES HUNDERT DEUTSCHER REIMSPRÜCHE diese knappe Form der Gedankenlyrik aus lateinischen Vorbildern in die Muttersprache, und er hat auch das Wesen des Reimspruchs verstanden: Er dient ihm hauptsächlich zur Zeitsatire, gegen modisches Unwesen, Hoheitsdünkel und Gewissensenge gerichtet. Manchmal gelingt es ihm trefflich, allgemeine Lebensweisheiten witzig und wirkungsvoll zu umschreiben:

Und willst du weiße Lilien zu roten Rosen machen,
küß eine weiße Galathee; sie wird errötend lachen.

Luthrisch, päpstlich und calvinisch,
diese Glauben alle drei
sind vorhanden; doch ist Zweifel,
wo das Christentum dann sei.

Daniel Czepko von Reigersfeld, ein Edelmann aus dem protestantischen Lager, befaßt sich etwa seit 1640 mit lateinischen Alexandrinerpaaren, die aber nun geistlich-frommen Inhalt haben. Er schöpft dabei wie Abraham von Franckenberg aus dem spirituellen Gedankengut Jakob Böhmes. Auch deutsche Epigramme sind darunter:

> Du schwebst als wie ein Fisch im Wasser ganz in Gott,
> ganz in dir, ganz um dich her ist er. Halt sein Gebot!

Scheffler ist mit Czepko aus den Breslauer Intellektuellenkreisen gut bekannt und dann eng befreundet, und so braucht es nur einen kleinen Schritt zu seinen eigenen Sinnsprüchen. Er verarbeitet viel überliefertes Material, faßt es aber schärfer und übertrifft alle Vorgänger an lebendiger Anschaulichkeit. Er ist mehr Dichter als Denker. Seine zweizeiligen Alexandriner-Strophen vollziehen Satz und Gegensatz, Kontraste und Kontraktionen und die Einheit der Gegensätze kongenial nach; die Versglieder vermögen das Paradox in seinen Variationen und Kombinationen sinnenfällig darzustellen.

Die Kurzform des Spruches wird durch ihn zum beliebtesten Sprachmedium eines Mystikers. Bezeichnungen können wechseln: *Geistreiche Sinn-Reime* deuten auf die Absicht einer Gedankenlyrik. Im Wort *Schluß-Reime* liegen viele Beziehungen verborgen: *Beschluß* eines langen Gedankengangs, endgültige Formulierung eines geistigen Vorgangs, den die Sprache auf den Begriff bringen will. Oder *Entschluß*, eine Maxime, ein Imperativ, ein Lebensimpuls: so ist es oder so sei es! Es leuchtet sofort ein, wie ein solch weisheitlicher Spruch der Redeweise des Mystikers entspricht: meditative Gedankensplitter und ein Feuerwerk von Geistesblitzen – er will ja nicht Argumente beibringen oder Folgerungen ziehen; Aphorismen, die pointiert das Paradox der Existenz von Gott und der Seele zum Ausdruck bringen – er kann und braucht es nicht zu entfalten. In Tersteegens KURZE UND ERBAULICHE SCHLUSSREIME, in Goethes/Schillers XENIEN, in der Romantik hat diese Gestaltung weitergewirkt und bis heute

eine überraschende Anziehungskraft behalten.
Jeder Spruch ist ein Ganzes für sich; keine Spur von Plan ist in der Anordnung zu entdecken. Im Grunde bieten die Zeilen inhaltlich einige wenige Zentralgedanken in hundertfältiger Variation: das Verhältnis von Gott und der Seele in ihrem Anderssein und in ihrer untrennbaren Einheit; das Irdische wird von der Jenseitigkeit bestimmt und umgekehrt. Gott ruht in sich und zugleich in seinem Geschöpf; die Seele, für sich ein Nichts, kann in Gott eingehen. Nimmt man das Bild des Wandersmannes auf dem Pilgerpfad ernst, will der Dichter einen Weg zeigen, den uralten Weg der Sehnsucht, auf dem der sündige Mensch zur Gemeinschaft mit dem heiligen Gott heimfinden will. Und dieser Weg führt nach Schefflers Erfahrung nicht über das glaubende Annehmen Gottes, der uns in der Menschwerdung, in dem Sterben und Auferstehen Christi entgegengekommen ist, sondern allein über die Wiederholung der Gottesgeburt, der Kreuzesgestalt und des Auferstehungslebens im Innern des Menschen. In der Verleugnung des eigenen Wesens, in der Hingabe als vollkommener Gelassenheit, im unverwandten Anschauen Gottes füllt der göttliche Geist den Herzensgrund mit sich selbst aus; die Ewigkeit ist angebrochen. Dieser Weg ist in der Kürze nur unzulänglich zu umschreiben. Den Widerspruch in einer mystischen Einung aufzuheben, Unvereinbares zusammenzuschauen, Sich-Ausschließendes zu vereinen, Gott und die Seele zueinanderzuführen – das jedenfalls ist sein Ziel.
Scheffler kann es der christlichen Rede konform sagen, wenn er die Symbole des Christusweges aufgreift; nur ist gleich zu spüren, daß er den Glaubensvorgang ganz in ein inneres Geschehen verlegt.

Wird Christus tausendmal zu Bethlehem geboren,
und nicht in dir: du bleibst noch ewiglich verloren. (I,61)

Gott ist das Seligste. Willst du so selig sein,
so dring in die Geburt des Sohnes Gottes ein. (VI,133)

Das Kreuz zu Golgatha kann dich nicht von dem Bösen,
wo es nicht auch in dir wird aufgericht', erlösen. (I,62)

Ich sag, es hilft dir nicht, daß Christus auferstanden,
wo du noch liegen bleibst in Sünd und Todesbanden. (I,63)

Die Auferstehung ist im Geiste schon geschehen,
wenn du dich läßt entwirkt von deinen Sünden sehen.
(IV,55)

Ich sterbe keinen Tod; sterb ich gleich alle Stunden,
so hab ich jedesmal ein besser Leben funden. (I,30)

Im Geist muß jeder Gläubige mit Christus gleichförmig, ja identisch werden, wenn er in die Ewigkeit eingehen will.

Der wahre Gottessohn ist Christus nur allein,
doch muß ein jeder Mensch derselbe Christus sein. (V,9)

Gott zeuget nichts als Gott: er zeugt dich, seinen Sohn,
so wirst du Gott in Gott, Herr auf des Herren Thron.
(IV,134)

Gott wohnt in einem Licht, zu dem die Bahn gebricht;
wer es nicht selber wird, der sieht ihn ewig nicht. (I,72)

Von diesem Grundgedanken aus findet Scheffler zu einer Bilder- und Gleichnissprache, die die geistlichen Vorgänge im Seelengrund auf überraschende Weise transparent machen.

Wo Gott ein Feuer ist, so ist mein Herz ein Herd,
auf welchem er das Holz der Eitelkeit verzehrt. (I,66)

Gott ist ein Ackersmann, das Korn sein ewges Wort,
die Pflugschar ist sein Geist, mein Herz der Säeort. (I,64)

Die Welt ist meine See, der Schiffmann Gottes Geist,
das Schiff mein Leib; die Seel ists, die nach Hause reist.
(II,69)

Der Vogel in der Luft, der Stein ruht auf dem Land;
im Wasser lebt der Fisch, mein Geist in Gottes Hand. (I,80)

Gott, weil er groß ist, gibt am liebsten große Gaben.
Ach, daß wir Arme nur so kleine Herzen haben. (III,200)

Er kann seine Botschaft nicht nur in Definitionen und Feststellungen sagen, sondern sehr griffig und angriffig in Aufrufen und Aufmunterungen, die den trägen Geist auf den Weg des Nachdenkens und Nachfolgens bringen sollen.

Blüh auf, gefrorner Christ, der Mai ist vor der Tür;
du bleibest ewig tot, blühst du nicht jetzt und hier. (III,89)

Halt an, wo läufst du hin? Der Himmel ist in dir;
suchst du Gott anderswo, du fehlst ihn für und für. (I,82)

Mensch, werde wesentlich; denn wenn die Welt vergeht,
so fällt der Zufall weg; das Wesen, das besteht. (II,30)

Die Schrift ist Schrift, sonst nichts; mein Trost ist Wesenheit,
und daß Gott in mir spricht das Wort der Ewigkeit. (II,137)

Bei der Schilderung des Einswerdens mit Gott aber rückt Scheffler in die gefährliche Nähe des Pantheismus, der völligen *Gottallheit*. Die Unterschiedenheit des Schöpfers vom Geschöpf, Gottes Überlegenheit hört auf; das Gedankenspiel des logischen Verstandes hat sich verselbständigt. Er kennt die Gefahr und wehrt sich in der Vorrede zur 2. Auflage heftig gegen derartige Verdächtigungen: Auch Tauler habe es so gemeint, *daß die gewürdigte und heilige Seele ... zu solcher vollkommner Gleichnis Gottes gelangen könne, daß sie aber dasjenige sei (aus Gnaden), was Gott ist (von Natur); und also in diesem Ver-*

stande recht und wohl ein Licht in dem Lichte, ein Wort in dem Worte und ein Gott in Gotte (wie in den Reimen geredet wird) könne genennet werden ...

Ich weiß, daß ohne mich Gott nicht ein' Stund kann leben;
werd ich zunicht, er muß von Not den Geist aufgeben. (I,8)

Ich bin so groß als Gott, er ist als ich so klein;
er kann nicht über mich, ich unter ihm nicht sein. (I,10)

Gott ist so viel an mir, als mir an ihm gelegen,
sein Wesen helf ich ihm, wie er das meine hegen. (I,100)

Gott ist mir Gott und Mensch, ich bin ihm Mensch und Gott;
ich lösche seinen Durst, und er hilft mir aus Not. (I,224)

Daß Gott so selig ist und lebet ohn Verlangen,
hat er sowohl von mir, als ich von ihm empfangen. (I,9)

Nichts ist, als ich und du; und wenn wir zwei nicht sein,
so ist Gott nicht mehr Gott, und fällt der Himmel ein. (II,178)

Schefflers Sprache grenzt, wie schon Gottfried Wilhelm Leibniz erkennt, an Gottlosigkeit und Blasphemie, und Karl Barth nennt seine Sprüche *fromme Unverschämtheiten.* Man sieht, wie sich Denken und Fühlen am Rand des Abgrunds bewegen und daß man nicht leichtfertig und obenhin mit diesen Schlußreimen ins reine kommt.

*

Der Titel des zweiten Werkes heißt: HEILIGE SEELEN-LUST ODER GEISTLICHE HIRTEN-LIEDER DER IN IHREN JESUM VERLIEBTEN PSYCHE, Breslau 1657 (die kirchliche Approbation vom Mai 1657). Es enthält seine Lieder, die für die Geschichte der Dichtung, zumal für die Frömmigkeit des Pietismus so wichtig geworden sind. Die Erstausgabe besteht aus drei Teilen mit 123 Liedern; im gleichen Jahr erscheint ein als Nachlese gedachter vierter Teil mit 32 Liedern. Und bei der Neuauflage 1668 kommt ein fünfter Teil mit 50 Liedern und einem aus anderem Zusammenhang stammenden Stück hinzu; letztlich also ein Gesamtbestand von 205 oder 206 Liedern. Der Autor sucht die Möglichkeit zum Absatz zu wahren und zu steigern, wenn er in dieser 2. Auflage sogar im Titel hinzufügt: *Allen denen, die nicht singen können, statt eines andächtigen Gebet-Buches zu gebrauchen.* Es handelt sich wirklich um Lieder, nicht um Gedichte. Von der ersten Ausgabe an setzt Georg Joseph, der fürstbischöfliche Kapellmeister in Breslau, die Worte in Töne. Da Dichter und Komponist so nahe beieinander wohnen, sind die 184 Melodien wohl in enger Zusammenarbeit entstanden; bei 21 Liedern findet man den Vermerk *auf eine bekannte Melodie.* Vertont sind sie im Stil der Zeit wie bei den evangelischen Meistern auch als barocke *Aria* für Solostimme. Sie unterstreichen in Rhythmik und Melodik die sanftfließende, gefühlsbetonte Sprache und haben so nicht wenig zur Wirkung und Nachwirkung dieser Dichtungen beigetragen. Selbst die Protestanten loben die Melodien als *ausbündig schön*, obwohl höchstens das Lied MORGENSTERN DER FINSTERN NACHT hier und da regional in der originalen Zusammenordnung von Text und Weise erhalten geblieben ist.

Alle Dichter des geistlich-kirchlichen Liedes mühen sich darum, die zentralen Fakten des christlichen Bekenntnisses und die gläubigen Erfahrungen in möglichst variabler Gestaltung, in verschiedener Sprechweise und Stimmung zum Ausdruck zu bringen. Bei Scheffler verhält es sich gerade umgekehrt: Die Vielfalt der Glaubenslehre stellt er in einen

Horizont, und zwar in den der Liebeslyrik – das ist sein zündender Gedanke und in dieser Ausschließlichkeit sein ureigener Beitrag zur Liedgeschichte. Samt und sonders sind seine Zeilen die lieblichen Laute der verliebten Seele, bei ihm *Psyche* genannt, an ihren geliebten Seelenfreund Jesus, seufzend und schmachtend, werbend und liebkosend, sehnsüchtig auf ihn wartend und selig jubelnd von ihm erfüllt. Biblischer Anhalt ist bei ihm wie bei Dichtern ähnlicher Ausrichtung natürlich das Hohelied; aber in der Ausdehnung auf den gesamten Glaubensinhalt hat er es weit übertroffen. Der Wärmestrom der Gefühlsmystik eines Bernhard von Clairvaux fließt mit ein, und in einem noch nicht erforschten Umfang scheinen Themen und Typen des weltlichen Liebesliedes verarbeitet zu sein.

Scheffler hat einen bedeutenden Vorgänger: Friedrich Spee von Langenfeld, Jesuitenprofessor in Paderborn, Köln und Trier, der mit seiner posthumen Sammlung TRUTZ-NACHTIGALL 1649 als der wichtigste katholische Liederdichter des 17. Jahrhunderts neben Scheffler genannt werden muß. Auch unser Gesangbuch hat Zeugnisse seines Schaffens aufgenommen: O HEILAND, REISS DIE HIMMEL AUF (EKG 5); die eine Passionsstrophe O TRAURIGKEIT,/ O HERZELEID (EKG 73, Str. 1), die Johann Rist weitergedichtet hat, und das naturhafte Osterlied DIE GANZE WELT, HERR JESU CHRIST,/ ZU DEINER URSTÄND FRÖHLICH IST (EKG 369 – eigentlich an falscher Stelle eingeordnet!). Bei aller Eigenprägung klingen viele Motive von Spee in Schefflers Liedern nach.

Wenn denn die Liebeslyrik geistlich verstanden so sehr zum Zentralziel wird, ist es gar nicht zu vermeiden, daß sie sich mit der weltlichen Liebeslyrik der Zeitgenossen berührt. Bei den Pegnitz-Schäfern in Nürnberg, bei anderen Sprach- und Dichtergesellschaften wird das Schäfermotiv überaus beliebt: eine produktive Allegorie, ein phantasievoller Rahmen. Vor den Kulissen einer gespielten Naturidylle, in den unschuldig scheinenden Tändeleien des Hirtenmilieus sprühen die Funken, fliegen die Liebespfeile und wechseln die Koseworte hin und her. Reminiszenzen an antike Dichtungen treten verstärkend hinzu. Scheffler hat in Jesus sein geliebtes Gegenüber gefunden, und seinen angebeteten Schatz preist er nun den weltlichen Dichtern an, geradezu missionarisch und von seinem Programm überzeugt: *O ihr Poeten, wie seid ihr solche Toren, daß ihr eure Herzen und Sinne euren Dorinden, Flavien, Purpurillen und wie sie weiter heißen, ergebet, welche doch entweder nichtige Undinger und Schatten in der Luft oder ja wahrhaftige Sirenen und Verführerinnen eurer Seelen sein. Wendet hier eure Erfindungen und Federn an: hier, hier in dem unvergleichlichen Angesichte Jesu Christi ist die allerfreundlichste Anmutigkeit, die alleranmutigste Lieblichkeit, die allerlieblichste Holdseligkeit und allerholdseligste Schönheit. Hier blühen die unverwelkliche Rosen und Lilien, seine Wangen; hier wachsen die unverbleichliche Korallen, seine Lippen; hier scheinen die unverfinsterliche Sonne und Monde, seine Augen; hier ist der anbetungswürdige Thron des Glanzes der Herrlichkeit, seine Stirne; hier wehet der ewige Westwind, sein holdseliger Atem, der die erfrorne Erde eures Herzens kann auftauen und erquicken. Wollt ihr mehr, so wisset, daß hier ist der holdselige Daphnis, der sorgfältige Corydon, der treue Damon, jeder Preis und die Krone aller tugendhaften und auserlesenen Schäfer und Schäferinnen*... (in der Vorrede von 1668).

Die geistlichen Hirtenlieder, die Scheffler nun auf diesem Hintergrund vorlegt, sind von unwahrscheinlicher Schönheit, von zauberhaft betörendem Klang, innig und tiefsinnig; Ausdruck einer sinnlichen Liebe, die sich an eine übersinnliche Person heftet. Die Sprache fließt weich, fast weiblich, vor allem wohllautend und warm dahin. Die Formen sind geschmeidig in ungezwungener Leichtigkeit. Mit der Elle der dogmatischen Richtigkeit darf man hier nicht messen; mit dem Argument von Ehrfurcht und Ernst kann man nicht kommen, wenn man sich auf diese Art von Liedern einlassen will. Der gestrenge Kritiker würde nur allzu oft krankhafte Wucherungen, verzärtelte Bilder, unerträgliche Häufungen, schwärmerische Überschwenglichkeiten feststellen und – verurteilen.

Wie die ganze Glaubensbeziehung unter das eine Programm der Liebeslyrik gestellt ist, so weist die Liedersammlung, wenigstens in ihren ersten Teilen, einen sinnvoll konsequenten, logisch komponierten Aufbau auf, im Gegensatz zur spruchartigen Gedankenlyrik. Die einzelnen Gesänge umkreisen den Erdenweg des himmlischen Jesus, um sich schließlich und ausschließlich an seiner göttlichen Vollkommenheit zu erfreuen und zu erbauen. Das Kirchenjahr spiegelt sich in der brünstigen Liebe der Seele zu ihrem Seelenfreund; das Leben Jesu als *eine große Symphonie* (D.A. Rosenthal), als ein *lyrisches Epos* (E.E. Koch), besser noch: als ein geistliches Singspiel, ein stimmen- und stimmungsreiches Jesus-Musical und -Memorial.

Das 1. Buch mit seinen 40 Liedern meditiert die Inkarnation, die Menschwerdung Gottes. Der Advent (Nr. 1–14) wird von der Seele in brennender Erwartung und Sehnsucht erlebt; ohne die Anwesenheit des Freundes ist die ganze Welt öde und leer. Die Überschriften geben die Richtung an: *Die Psyche seufzt ... ruft ... sehnet sich ... suchet den Lieben ... rufet ihn mit vielen süßen Namen.* In diesem Abschnitt ist unter dem Titel *Sie verspricht sich, ihn bis in den Tod zu lieben* (Nr. 10) das Lied ICH WILL DICH LIEBEN, MEINE STÄRKE (EKG 254) zu finden. In der Nachwirkung hat es wohl den stärksten Widerhall erfahren. Es ist reich bestückt mit Anklängen an die festgeprägten Worte der Bibel und der Kirchenväter. So schimmert in Str. 3 Augustins Satz durch: *Zu spät habe ich dich geliebt, du alte und so neue Schönheit, zu spät habe ich dich geliebt.* Zu *lieben sonder* [ohne] *Lohne* (Str. 7) ist eine Stelle von Meister Eckhart beizuziehen: *Das recht vollendete Leben des Geistes ist, daß er* [der Mensch] *Gott seiner eigenen Güte wegen liebt, und gäbe es auch weder Himmel noch Hölle.* Eine bezeichnende Strophe, die zum Klima dieser Frömmigkeit gehört, hat die kirchliche Redaktion bewußt ausgemerzt:

Gib meinen Augen süße Tränen,
gib meinem Herzen keusche Brunst;
laß meine Seele sich gewöhnen
zu üben in der Liebe Kunst;
laß meinen Sinn, Geist und Verstand
stets sein zu dir gewandt. (nach Str. 6)

Ein Morgenlied ist eingestreut, und dann wird der Advent, die Bereitung zur Geburt Jesu, abgeschlossen mit einer genialen Transposition aller einschlägigen Adventserinnerungen in die Situation des Schäferspiels (Nr. 14):

STREUET MIT PALMEN, IHR SCHÄFER UND HIRTEN,
bereitet und schmücket aufs schönste die Bahn;
traget zusammen Oliven und Myrten,
denn Jesus, der ewige Friedfürst, kommt an. (Str. 1)

Schmücket die Lampen und macht sie recht lichte,
eröffnet zu euerem Herzen die Tür;
denket auf allerlei schöne Gedichte,
und tretet mit Freuden und Jubel herfür. (Str. 3)

Jesu, du Hoffnung der Heilig-Verliebten,
du Sonne der Ewigkeit, brich doch herfür;
tröstlicher Bräut'gam der Geistlich-Betrübten,
komm, komm doch, wir sehnen uns herzlich nach dir.
(Str. 4)

Träufelt, ihr Himmel, und gebt uns im Regen
den Herrn der Gerechtigkeit, unsere Zier;
öffne dich, Erde, mit neuem Bewegen,
und bring uns den Heiland der Menschen herfür.
(Str. 6)

Weihnachten setzt mit einem Lobpreis Mariens ein (Nr. 15), und es folgt eine Menge der begeisterten Lieder (Nr. 16–40), die das neugeborene Kind willkommen heißen; sie liebkosen die einzelnen Glieder – entsprechend dem Passions-Salve – des holdseligen Knaben und umschreiben seine Schönheit mit entzückten Ausrufen. Viele Strophen wären zu finden, die mit den Weihnachtsliedern anderer Dichter dieser Zeit zusammenklingen und die wir sehr wohl bei der Anbetung vor der Krippe in den Mund nehmen könnten. Das Morgenstern-Motiv aus der Epiphanias-Lesung von den Weisen aus dem Morgenland klingt in einem Lied an, das einst sehr verbreitet war (Nr. 26):

Morgenstern der finstern Nacht,
der die Welt voll Freuden macht,
Jesulein,/ komm herein,
leucht in meines Herzens Schrein.

Schau, dein Himmel ist in mir,
er begehrt dich, seine Zier;
säum dich nicht,/ o mein Licht,
komm, komm, eh der Tag anbricht.

Deines Glanzes Herrlichkeit
übertrifft die Sonne weit,
du allein,/ Jesulein,
bist, was tausend Sonnen sein.

Du erleuchtest alles gar,
was jetzt ist und kommt und war;

voller Pracht / wird die Nacht,
weil dein Glanz sie angelacht.

Deinem freudenreichen Strahl
wird gedienet überall,
schönster Stern,/ weit und fern
ehrt man dich wie Gott den Herrn.

Ei, nun goldnes Seelen-Licht,
komm herein und säum dich nicht,
komm herein,/ Jesulein,
leucht in meines Herzens Schrein. (Str. 1–6 ganz)

Das zweite Buch mit 24 Liedern (Nr. 41–64) versenkt sich in die Passion Jesu. An allen Kreuzwegstationen verweilt der Dichter: im Garten Gethsemane, bei der Entblößung und Geißelung, bei der Kreuztragung, am Kreuz selbst. Und dann betrachtet er den Gekreuzigten und versenkt sich, wie es durch die mystische Tradition vorgezeichnet ist, in die einzelnen Gliedmaße. In das Angesicht (Nr. 45):

O allerschönstes Angesicht,
wie bist du zugericht'!
O Sonne der Gerechtigkeit,
wie ist dein Glanz verspeit!
Wo ist der Purpur deiner Wangen?
Wo der Korallen-Mund?
Wo die Gestalt, die mich gefangen
und bis ans Herze hat verwundt? (Str. 1)

In die Wunden, die Füße, die ausgespannten Arme und Hände, die Augen, das mit Dornen gekrönte Haupt, das gebrochene Herz. Aber nicht genug damit: Der Dichter bittet um die Frucht der Passion Jesu. In das trauernde Mitleiden und teilnehmende Mitsterben mischt sich die Bitte um Vergebung der Sünden und Beistand in Anfechtung, um ein seliges Ende und die erbarmende Gnade im letzten Gericht. Und der Dank für das geschenkte Heil findet zu ganz einfachen, aber letztgültigen Worten, ohne alle verliebte Tändelei (Nr. 60):

Ich danke dir für deinen Tod,
Herr Jesu, und die Schmerzen,
die du in deiner letzten Not
empfandst in deinem Herzen.
Laß die Verdienste solcher Pein
ein Labsal meiner Seele sein,
wenn mir die Augen brechen. (Str. 1)

Ich danke dir für deine Huld,
die du mir hast erzeiget,
da du mit Zahlung meiner Schuld
dein Haupt zu mir geneiget.
Ach neig dich auch zu mir, mein Gott,
wenn ich gerat' in Todesnot,
daß ich Genade spüre. (Str. 2)

Ein Lied (Nr. 53), nach einer lateinischen Vorlage des 14. Jahrhunderts gedichtet, faßt das Passions-Gedenken wohl am eindrücklichsten zusammen:

Die Seele Christi heilge mich,
sein Geist verzücke mich in sich;
sein Leichnam, der für mich verwundt,
der mach mir Leib und Seel gesund.

Das Wasser, welches auf den Stoß
des Speers aus seiner Wunde floß,
das sei mein Bad, und all sein Blut
erquicke mir Herz, Sinn und Mut.

Der Schweiß von seinem Angesicht
laß mich nicht kommen ins Gericht;
sein ganzes Leiden, Kreuz und Pein,
das wolle meine Stärke sein.

O Jesu Christ, erhöre mich,
nimm und verbirg mich ganz in dich;
laß mich in deine Wunden ein,
daß ich vor'm Feind kann sicher sein.

Ruf mir in meiner letzten Not,
und setz mich neben dich, mein Gott,
daß ich mit deinen Heilgen all'n
mög ewiglich dein Lob erschall'n. (Str. 1–5 ganz)

Das dritte Buch mit 59 Liedern (Nr. 65–123) bedenkt das neue Leben. Weiterhin lehnt sich der Dichter dem Gang der Hochfeste an. Die Auferstehung Christi (Nr. 65–70) wird einerseits mit jubelnd bewegten Rhythmen besungen (Nr. 65):

Nun ist dem Tod zerstöret seine Macht,
der Tod ist tot, und uns das Leben wiederbracht.
Singet und klingt,/ hüpfet und springt,
jubiliert,/ unser Jesus triumphiert. (Str. 1)

Sein Leiden, Kreuz und alle seine Not
hat nun ein End, und wir stehn wohl mit unserm Gott.
Herrlich und schön / kann man nun gehn
ihm zu Preis / in das offne Paradeis. (Str. 2)

Ach Jesu, hilf, daß ich auch aufersteh
in deiner Kraft und in die ewge Freude geh;
bleibend bei Gott,/ sicher vor'm Tod,
dich und ihn / lobe wie ein Seraphin. (Str. 5)

Andererseits wird die innige Bitte der Emmaus-Jünger vergegenwärtigt (Nr. 69):

Wo willst du hin, weils Abend ist,
verliebter Pilgrim Jesu Christ?
Ei, bleib doch hier / und rast in mir;
ich laß dich nicht,/ du ewges Licht,
ich schrei dir nach / mit tausend Ach.
Ach bleib doch hier, mein Leben,
ich will dir Herberg geben.

Die Sonne hat sich schon gesenkt,
die Nacht ist da, die mich bedrängt.
Komm doch herein,/ mein Freudenschein,
zünd an mein Herz / wie eine Kerz,
erleucht es ganz / mit deinem Glanz,
daß ich dich mög erkennen
und durch und durch entbrennen.

Wenn du bei mir bleibst, werter Gast,
so werd ich ledig meiner Last.
Du brichst mir Brot / in Hungersnot,
du treibest weit / die Eitelkeit,
du zeigst mir an / die rechte Bahn;
du machst, daß meine Sinnen
die Wahrheit finden können.

Ich lasse dich nicht, liebster Freund,
bis daß die Sonne wieder scheint.
Hab nur Geduld / und sei mir huld,
du kannst nicht fort / aus diesem Ort;
mein Herze wacht,/ hat deiner acht;
ich will dich fest umfassen
und nicht entweichen lassen. (Str. 1–4 ganz)

Es folgen Lieder im Umkreis der Himmelfahrt des Herrn (Nr. 71–81), wobei die Seele besonders belastend das einsame Alleinsein in dieser Welt empfindet und sich seufzend nach Gottes endgültiger Herrschaft ausstreckt. Ein Pfingstlied (Nr. 82), und dann verzehrt sich die Seele wieder in Sehnsucht nach ihrem himmlischen Freund (Nr. 83–90). Damit ist der Dichter aus den Gedanken des Festkalenders in das Bedenken des neuen Lebens der Gläubigen eingetreten. Ihr Verhalten wird von der Absage an die Welt und der Entscheidung zur glaubend-liebenden Nachfolge bestimmt (Nr. 89):

> ACH, SAGT MIR NICHT VON GOLD UND SCHÄTZEN,
> von Pracht und Schönheit dieser Welt!
> Es kann mich ja kein Ding ergötzen,
> was mir die Welt vor Augen stellt.
> Ein jeder liebe, was er will:
> ich liebe Jesum, der mein Ziel. (Str. 1)
>
> Die Welt vergeht mit ihren Lüsten,
> des Fleisches Schönheit dauert nicht;
> die Zeit kann alles das verwüsten,
> was Menschenhände zugericht'.
> Ein jeder liebe, was er will;
> ich liebe Jesum, der mein Ziel. (Str. 3)

Genährt wird das neue Leben durch das Abendmahl (Nr. 91–98). Die Seele erbittet im Empfangen der Gaben das Kommen ihres Bräutigams (Nr. 98):

> DU WUNDERBROT,/ du wahrer Gott,
> wer kann die Lieb ermessen,
> daß du dich hier / selbst gibest mir,
> mit Leib und Seel zu essen! (Str. 1)

Kein Cherubin,/ kein Seraphin
kann je dazu gelangen,
und ich soll dich / wahrhaftiglich
mit meinem Mund empfangen! (Str. 2)

Ich ruf dich an,/ so sehr ich kann,
o Geber und auch Gabe:
gib mir, daß ich / dich würdiglich
in meinem Herzen habe. (Str. 7)

Und immer wieder die Lieder, die von der Sehnsucht erfüllt und von der Schönheit des Angebeteten überwältigt sind (Nr. 99–110). Der Dichter findet *Christus in der Natur* (Nr. 109):

Keine Schönheit hat die Welt,
die mir nicht vor Augen stellt
meinen schönsten Jesum Christ,
der der Schönheit Ursprung ist. (Str. 1)

Wann die Morgenröt' entsteht
und die güldne Sonn aufgeht,
so erinner' ich mich bald
seiner himmlischen Gestalt. (Str. 2)

Schau ich in dem Frühling an
unsern bunten Wiesenplan,
so bewegt es mich zu schrei'n:
Ach, wie muß der Schöpfer sein! (Str. 5)

Wann ich sehe, wie so schön
weiß und rot die Rosen stehn,
so gedenk ich, weiß und rot
ist mein Bräutigam und Gott. (Str. 7)

Wann ich zu dem Quellbrunn geh
oder bei dem Bächlein steh,

so versenkt sich straks in ihn
als den reinsten Quell mein Sinn. (Str. 9)

Nie wird Honig oder Most
oder Tau von mir gekost',
daß mein Herz nicht nach ihm schreit
als der ersten Süßigkeit. (Str. 11)

Ei nun, Schönster, komm herfür,
komm und zeig dich selber mir;
laß mich sehn dein eigen Licht
und dein bloßes Angesicht. (Str. 14)

Hier in diesem Zusammenhang die ausdrückliche Zeile, die seine Frömmigkeit charakterisiert: JESUS IST DER BESTE FREUND,/ DER UNS EWIG TREU VERBLEIBET (Nr. 105). Hier auch unter dem Motto *Sie ergibet sich der ewigen Liebe* (Nr. 107) das vielgeliebte Lied LIEBE, DIE DU MICH ZUM BILDE / DEINER GOTTHEIT HAST GEMACHT (EKG 255), nur stört die später eingefügte 4. Strophe mit ihren biblisch-kirchlichen Begriffen die zarten Liebesbande des Treuegelöbnisses. Gegen Ende des Buches spielen endzeitliche Gedanken herein (Nr. 111–123), wie schon die Überschriften zeigen: *Sie freuet sich wegen der letzten Zukunft ihres Geliebten* (Nr. 111) und *Sie betrachtet die Herrlichkeit der himmlischen Wohnungen und des ewigen Lebens* (Nr. 122). Ein Abendlied und Loblieder im Stil des Schäferspiels sind eingefügt.

Das vierte Buch mit 32 Liedern (Nr. 124–155) ist als Nachtrag im gleichen Geist und Wort zu betrachten: nochmals von Inkarnation und Passion – alternative Stücke zum geistlichen Singspiel und Ergänzungen mit neuen Schwerpunkten. Scheffler singt das Lob der unter dem Kreuz ausharrenden Liebhaber: Mutter Maria, Jünger Johannes und Büßerin

Magdalena (Nr. 124–126). Er singt von der langen Ewigkeit und der Sehnsucht nach Freiheit und Frieden (Nr. 151–155). Vor allem singt er nun ausmalender seine Naturlieder (Nr. 142–146) von der Schönheit Gottes und des Gottessohnes, und dabei ruft er alles, den Blütenduft des Frühlings, den Vogelgesang, den Kranz der Kreaturen zum lobenden Freudentanz auf (Nr. 145):

Ihr kleinen Vögelein,
ihr Waldergötzerlein,
ihr süßen Sängerlein
stimmt mit mir überein:
Ich will den Herren preisen
mit meinen Liebesweisen;
ich will von Herzensgrund
ihm auftun meinen Mund.

Spitzt eure Schnäbelein,
zwingt eure Stimmelein,
und fangt an groß und klein
aufs lieblichste zu schrei'n:
Ich will durch euer Singen
mich zu dem Schöpfer schwingen,
ich will durch euren Ton
hinauf zu Gottes Sohn.

Er ziert euch Feld und Wald
so schön und mannigfalt,
er kleid' euch jung und alt
mit Federn wohlgestalt';
er schafft euch kühle Sitze
vor Unfall und vor Hitze,
er gibt euch Speis und Trank
und Mut zum Lustgesang.

Drum stimmet mit mir überein
ihr süßen Schreierlein,
ihr kleinen Pfeiferlein,
ihr Wundersängerlein.
Gott Lob ist mein Erschallen,
Gott Lob ist eur Erhallen;
Gott Lob ist mein Gesang,
Gelobt sei Gott – sei eur Klang. (Str. 1–4 ganz)

Das fünfte Buch mit 51 Liedern (Nr. 156–206) bringt die dichterische Ernte des Jahrzehnts nach der Erstausgabe. Scheffler bleibt sich und seiner Art treu, wenn nun auch eine stärker kirchliche Verankerung spürbar wird. Trotz allem: keine kontrovers-theologischen Akzente! Er weiß sehr wohl zu unterscheiden zwischen dem Liedgut, das die Glaubens- und Liebesbeziehung zu Jesus festlich-feiernd besingt, und den Streitschriften, die Ketzerhüte verteilen und dem Gegner das Anathema der Verfluchung entgegenschleudern. Jetzt übersetzt er wohl zum kirchlichen Gebrauch einige lateinische Hymnen und Sequenzen, darunter das pfingstliche VENI CREATOR SPIRITUS (Nr. 188, vgl. EKG 97). Er versifiziert die Andachtsformen des Marien-Stundengebets, das Ave Maria und den freudenreichen Rosenkranz. Er denkt an Morgen, Mittag und Abend, an die Fastenzeit und das Geheimnis der Dreieinigkeit. Von der Kirche, von Gottes Geboten und Gottes Wort vermag er jetzt anders zu reden als noch in seinen Schlußreimen (Nr. 172):

TREUSTER MEISTER, DEINE WORTE
sind die rechte Himmelspforte;
deine Lehren sind der Pfad,
der uns führt zu Gottes Stadt.

O wie selig, wer dich höret,
wer von dir sein will gelehret;
wer zu jeder Zeit und Stund
schaut auf deinen treuen Mund.

Sprich doch ein in meine Höhle,
rede doch zu meiner Seele;
lehr sie halten bis in Tod
deiner Liebe Liebsgebot.

Hilf mich in dem Lieben üben
und Gott über alles lieben;
meinen Nächsten gleich wie mich
laß mich lieben inniglich. (Str. 1–4)

Er bleibt sich und seiner Art treu, wenn nun auch kräftigere Töne und männlichere Taten hörbar sind. Vielleicht ist die rechte Richtung angegeben, wenn die Forscher beobachtet haben, er sei *vom schmachtenden Liebhaber zum ernsten Manne geworden* (E. E. Koch). In diesen Zusammenhang gehören seine beiden noch ausstehenden Lieder unseres Gesangbuchs. Unter dem Titel *Sie vermahnet zur Nachfolgung Christi* (Nr. 171) MIR NACH, SPRICHT CHRISTUS, UNSER HELD (EKG 256), ein Meisterstück der biblisch-poetischen Gestaltung von Mt 16,24f. Nur müßte man die originale statt der asketisch-kämpferischen 3. Strophe übernehmen, die in der pietistischen Nachwirkung formuliert worden ist:

Mein Herz ist voll Demütigkeit,
voll Liebe meine Seele,
mein Mund, der fließt zu jeder Zeit
von süßem Sanftmut-Öle.
Mein Geist, Gemüte, Kraft und Sinn
ist Gott ergeben, schaut auf ihn. (Str. 3)

Und mit der Überschrift *Sie muntert auf zum Streit* (Nr. 201) AUF, AUF, O SEEL, AUF, AUF ZUM STREIT (EKG 253 mit korrigiertem Anfang), ein Musterbeispiel biblischer Verkündigung. Das ist nun leider nicht mehr sichtbar, weil die Siegersprüche der Sieben Sendschreiben (Offb 2-3) bis auf einen (Str. 4) getilgt sind. Im ursprünglichen Wortlaut klingt die ganze Fülle der himmlischen Verheißung an:

Wer überwind', der wird vom Baum
des ewgen Lebens essen;
mit seinem Haupt wird er den Raum
der Himmelskrone messen.
Wer überwind', den soll kein Leid
noch Tod berührn in Ewigkeit.

Wer überwind' und seinen Lauf
mit Ehren geht vollenden,
dem will der Herr alsbald darauf
verborgnes Manna senden,
ihm geben einen weißen Stein
und einen neuen Namen drein.

Wer überwind', bekommt Gewalt,
wie Christus zu regieren;
bekommet Macht, die Völker bald
in einer Schnur zu führen.
Wer überwind', bekommt vom Herrn
zum Feldpanier den Morgenstern. (vor Str. 4)

Wer überwind', soll auf dem Thron
mit Christo Jesu sitzen,
soll glänzen wie ein Gottessohn
in hohen Himmelsspitzen,
soll ewig herrschen und regier'n,
soll ewiglich den Himmel zier'n. (nach Str. 4)

Scheffler ist eine brennende Seele. Was ihn entflammt, das verzehrt ihn auch; was ihn ergreift, das weiß er leidenschaftlich glühend und klangreich hinreißend darzustellen. Ein ganzes Gesangbuch mit all seinen Regeln und Rubriken taucht er in die Farben des geistlichen Liebesliedes. In diesem Geist hat er Schule gemacht: Gerade die evangelischen Christen von Speners und Franckes Richtungen fühlen sich unmittelbar angesprochen, sie bewundern ihn und eifern ihm nach. Liederdichter wie Gottfried Arnold, Gerhard Tersteegen und Nikolaus Ludwig Graf von Zinzendorf hätten ohne ihn nicht zu ihren Versen gefunden; Schefflers Lieder füllen die Spalten der pietistischen Gesangbücher, während sie im katholischen Bereich eine vergleichbare Resonanz nicht erlangt haben. *Wäre Scheffler dreißig Jahre später geboren, er hätte seine geistige Heimat wahrscheinlich im Pietismus gefunden … Die Konventikel, aus denen er hervorgegangen ist, bilden eine Brücke zwischen der älteren Mystik und dem Pietismus … Ein volles, ganz von einer Empfindung volles Herz hat ihn zum Dichter gemacht* (G. Ellinger).

Joachim Neander

1650–1680

Gott, die Luft erschallt
von so vielen Kehlen,
Echo widerhallt.
Ich auch singe dir;
höre mein Begier,
laß mich ja nicht fehlen.

Gott, wie rühmen dich
Berge, Fels und Klippen!
Sie ermuntern mich:
Drum an diesem Ort,
o mein Fels und Hort,
jauchzen meine Lippen.

Weisheit hat gemacht
diese Wunderdinge;
denn die Erdenpracht
ist ganz voller Güt.
Auf, auf, mein Gemüt,
Halleluja singe!

Aus Neanders Lied Unbegreiflich Gut
mit der Überschrift *Sommer- und Herbst-Freud*
im Feld und Walde 1680

Sein Lied Lobe den Herren, den mächtigen König der Ehren (EKG 234) ist der Hit unter den Chorälen, der Bestseller in der Liederliste, dem Gefühl und der Statistik nach das meistgesungene Kirchenlied überhaupt; bekannt in allen Konfessionen, verbreitet in unzähligen Übersetzungen, geliebt auf der ganzen Welt – ein ökumenisch verbindender

Joachim Neander
1650–1680

Lobpreis. Man kann lange herumrätseln, warum gerade dieses Lied zu einer solchen Würde gekommen ist. Umschreibt es den kleinsten gemeinsamen Nenner, auf den sich Glaubensreste jedweder Färbung einigen können? Jesus Christus wird nicht beim Namen genannt, obwohl er nach Meinung des Dichters selbstverständlich immer mitschwingt; ein Lied des ersten Glaubensartikels, und damit der Verdächtigung einer natürlichen Theologie ausgesetzt. Trifft es in seinen aneinandergereihten Relativsätzen jene entscheidenden Stellen der Bewahrung und Führung Gottes, für die man wenigstens dann und wann, beim Rückblick am Geburtstag, bei der festlichen Eheschließung, bei einem runden Jubiläum aus vollem Herzen Dank sagen möchte? Oder macht die vom Verfasser beigegebene Melodie den beispiellosen Erfolg aus: ein Menuett, oder trivialer gesagt, ein Walzer im swingenden Dreivierteltakt? Zuerst begleitet diese Melodie in ihrer Abfolge von langen und kurzen Verszeilen ein Studentenliedlein um 1641/42 SEH ICH NICHT BLINKENDE, FLINKENDE STERNE AUFGEHEN? – eine zierlich verschnörkelte Wortspielerei. Dann geht sie 1665 in Variantenbildung auf den geistlichen Bereich über und trägt den Text HAST DU DENN, LIEBSTER, DEIN ANGESICHT GÄNZLICH VERBORGEN? Neander fügt für seine Strophen ein nachklingendes Schluß-Echo hinzu, das im Gemeindegebrauch wieder verlorengegangen ist. Kurz: Es gehört zu den letztlich nicht erklärlichen Unwägbarkeiten, was oder wen das Volk oder das Kirchenvolk zu seinen Lieblingen wählt. In diesem Fall hat es jedenfalls Sinn für Qualität und Substanz bewiesen, wie eine kurze Meditation des Liedes zeigt.

Die Startstrophe (Str. 1) ist nichts als Aufruf, Aufforderung, Aufmunterung, ein einziges Ausrufezeichen. Der Dichter hat gut beobachtet: Lob kommt nicht von alleine, Lob ist nicht selbstverständlich da. Wenn denn schon gelobt wird, drängt sich das Eigenlob mächtig vor das Gotteslob. Wir loben, was wir vor Augen oder in Händen haben: Leben und Leistung, Besitz und Bedeutung. Und dabei werden wir blind und taub, gedankenlos und gleichgültig für jene Macht, der wir uns und alles verdanken. Wir müssen aufgerüttelt und wachgeschüttelt werden: raff dich auf, *meine geliebte Seele*! Laß ihn hochleben, den Herrn, mit Worten und Tönen; klatsche Beifall, und sag ihm dein zustimmendes Ja: *lobe den Herren!* Die biblischen Psalmen, in denen sich der Dichter besonders zu Hause fühlt, ermuntern dazu auf vielfältige Weise: *Singet dem Herrn ein neues Lied!* (Ps 96,1 u.ö.) – *kommet zu Hauf!* (Ps 42,5) – *wach auf, Psalter und Harfe!* (Ps 57,9). Oder der Hauptanklang: *Lobe den Herrn, meine Seele, und was in mir ist, seinen heiligen Namen* (so besonders in der Schlußstrophe). *Lobe den Herrn, meine Seele, und vergiß nicht, was er dir Gutes getan hat* (Ps 103,1 f.). Nicht irgendwer soll gelobt werden, sondern der *mächtige König der Ehren* (Ps 24,7 ff.). Nicht nur die einzelne Seele im Herzen oder der einsame Beter im Kämmerlein, sondern die versammelte Gemeinde, der ganze Haufe der Christenheit soll loben. Lob wirkt ansteckend und gemeinschaftsbildend. Die eigenen guten Erfahrungen sollen mit denen der anderen zusammenklingen.

Warum eigentlich sollen wir diesen Gott loben und lieben? Jetzt muß der Dichter, der ein solch hochgestimmtes Lobgetön intoniert hat, seine Gründe und Argumente vortragen. Er tut es denn auch, beginnend mit der 2. Strophe. Behutsam in Frageform verwickelt er uns in ein Gespräch: *hast du nicht dieses verspüret?* Er sucht unser Einverständnis: gefällt dir das etwa nicht? Merkst du denn nicht: *herrlich* – und das meint herrscherlich – *regieret?* So gesehen, ist das Lob ein lauter Protest gegen die graue und grausame Wirklichkeit der Welt, ein Potential an Hoffnung: Gott hält die Welt in seinen

Händen. Gepriesen wird der Gott der Bundestreue, auf den wir uns verlassen können; gepriesen wird der Gott der Barmherzigkeit, der sein Geschöpf erhält. Er trägt wie auf mächtigen Schwingen über die Tiefen: *Die auf den Herrn harren, kriegen neue Kraft, daß sie auffahren mit Flügeln wie Adler*... (Jes 40,31). Lob dem, der führt und erhält.

Es geht weiter mit den Segnungen Gottes: Wunder der Schöpfung (Str. 3). Sieh doch, wie kunstvoll du gestaltet bist: Du kannst deinen Verstand gebrauchen, die Finger bewegen, die Augen aufmachen und viel Freundliches erblicken. Du kannst in leidlicher Gesundheit auf den Füßen stehen bei so viel tausend Möglichkeiten von Schwäche, Krankheit, Vergänglichkeit. Vor allem: Du bist nicht allein, der *gnädige Gott* umgibt dich von allen Seiten. Gepriesen wird Gott der Schöpfer; gepriesen wird Gott der Erhalter, und dies vor dem dunkleren Hintergrund der Not: Er ist ein sicherer Begleiter auf den wechselvollen Wegen, ein dichter Schutzmantel in Bedrohung. Die aufwärtstragenden Fittiche des Adlers werden zu den bergenden Flügeln einer Glucke: *Wie köstlich ist deine Güte, Gott, daß Menschenkinder unter dem Schatten deiner Flügel Zuflucht haben!* (Ps 36,8 u.ö.). Lob nicht nur so dahergesagt; Lob will zum Vertrauen locken, daß wir uns diesem Herrn anvertrauen.

Es geht weiter mit den Segnungen Gottes (Str. 4). Begreif doch, wie sehr du in deinem Stand, dort wo du stehst in Beruf und Familie und Freizeit, gesegnet bist, mit der Kraft Gottes beschenkt. Können wir's wirklich begreifen? Und wenn uns andere Töne näherliegen als der Lobpreis: Stoßseufzer, Klagelaute, Trübsalblasen, Schimpftiraden? Wenn wir Terror und Tränen erleben, hilfeschreiende Hungernde hören, menschenverachtende Methoden spüren? Wenn wir vielleicht selber krank oder behindert oder einfach fertig sind? Wenn alles Mögliche vom Himmel kommt: saurer

Regen und radioaktive Strahlen, Bomben und Raketen, nur die Liebe nicht? Immer wieder wird die Wirklichkeit das Lob anfechten. Und trotzdem: Immer wieder will uns der Dichter zum Lob ermuntern. Ihm ist Gottes Wesen aufgegangen. Er kann es nicht anders benennen als mit dem äußersten Wort des Geheimnisses: Liebe. Denkt er bei dem Satz ... *aus dem Himmel geregnet* denn doch an den Advent Jesu? Es heißt bei den Propheten: *Träufelt, ihr Himmel, von oben, und ihr Wolken, regnet Gerechtigkeit!* (Jes 45,8) – eine immer auf Jesu Kommen hin verstandene Bibelstelle (vgl. EKG 5, Str. 2). Läßt er im Wort Liebe ganz versteckt und verhalten die Hingabe Jesu und sein Kreuz anklingen? *Niemand hat größere Liebe denn die, daß er sein Leben läßt für seine Freunde* (Joh 15,13). Gepriesen wird das Wunder, daß uns der allmächtige Gott in unbegreiflicher Zuneigung nahegekommen ist. Der Schöpfungsbund ist durch den Gnadenbund überboten und vollendet.

Das Finale (Str. 5) des wohltuend kurzen und konzentrierten Liedes – eine löbliche Eigenheit dieses Dichters – ist gleich der Ouvertüre nur Zuruf und Zuspruch: *er ist dein Licht!* (Ps 27,1), wie am Anfang *Gott sprach: es werde Licht!* (1. Mose 1,3). Der ganze Kosmos soll loben, alles was atmet und lebt (Ps 150,6). *Abrahams Samen* soll loben, das heißt die Kinder des Glaubens aus dem alten und neuen Bund. Und die eigene, kleine Seele auch: *Lobende [Seele], schließe mit Amen!* (Ps 106,48). Das ganze Lied will nur eines in Gang bringen: Wach auf und – lobe! Wir haben allen Grund dazu: Gott führt und erhält, er schafft und beschützt, er segnet und liebt. Weiterer Argumente bedarf es nicht, nur noch der Erinnerung: *vergiß es ja nicht!* Wirklich, das Volk oder das Kirchenvolk hat gut gewählt, daß es sich diese Worte und diese Weise im Gebrauch so vehement zu eigen gemacht hat.

*

Joachim Neander wird 1650 in Bremen geboren. Sein Vater, aus einer alten Pastorenfamilie stammend, die sich früher gut deutsch Neumann nannte, ist Lehrer am Pädagogium, der Lateinschule; sein Großvater mütterlicherseits ebenfalls dort Musiklehrer und Kantor – schon aus dieser Herkunft erahnt man die besondere Begabung dieses Dichters. Von der Schule des Vaters wechselt er mit 16 Jahren zum Gymnasium illustre, der bremischen Universität, die in einem guten wissenschaftlichen Ruf steht. Nach dem Tod des Vaters stehen ihm keine Geldmittel zur Verfügung, um eine der berühmten Hochschulen etwa in Holland zu besuchen. Also studiert er in Bremen reformierte Theologie und lernt dabei die Föderaltheologie des Johann Coccejus kennen, jene biblisch-heilsgeschichtliche Abfolge von den Bundesschlüssen Gottes; sie hatte sich gerade im calvinistischen Konfessionsbereich ausgebreitet. Sein Leben lang bleibt er diesen Gedanken treu: Seine Gedichte sprechen von *Bundesgott* und *Bundesgenossen*, sein Gesangbuch nennt sogar im Titel *Bundeslieder*... Er studiert Theologie, aber nur so aus Tradition ohne innere Erleuchtung, Überzeugung oder Berufung, aus dem Wunsch nach bloßem unterhaltenden Zeitvertreib und ziemlich überheblicher Gelehrsamkeit. In manchen Strophen klingt dies später mit Bedauern und Betrübnis an.
Fast am Ende seines Studiums 1670 – er ist gerade 20 Jahre alt – besucht er einmal mit zwei Kameraden den Gottesdienst des neuberufenen Pfarrers an St. Martini, Theodor Undereyk, der sich als gewaltiger Buß- und Bekehrungsprediger einführt, Kinderunterricht und Christenlehre einrichtet und die Erweckten in privaten Erbauungsstunden sammelt. Die Ereignisse in Bremen drängen auf Entscheidung, in dieser wirtschaftlich aufblühenden und zugleich sittenlosen Großstadt von 30000 Einwohnern: Gefolgschaft oder Ablehnung, glühender Eifer oder höhnischer Spott. Neander

stellt sich auf die Seite der Kritiker. Er will beim Gottesdienstbesuch nur Argumente sammeln, um den neuen Pfarrer hernach lächerlich zu machen. *Allein*, so heißt es in der ersten Lebensbeschreibung durch seinen Freund Johann Henrich Reitz, *die Liebe Gottes regierte es also, daß die Predigt ihm sein Herz traf, und er sich der Tränen nicht enthalten konnte, welche über das (Gesicht) wie ein Strom flossen, da er das Gebet hörete.* Er sucht sofort Undereyk auf, *entdeckte ihm sein Herz und hielt sich fortan zu diesem lieben Mann als seinem geistlichen Vater.* Neander hat sein Damaskus erlebt.

Bald darauf 1671 geht er auf Studienreise. Er begleitet als Informator, als Tutor und Erzieher fünf Söhne von Kaufleuten aus der französisch-reformierten Gemeinde in Frankfurt/Main zum Studium nach Heidelberg und lebt mit ihnen in einer geistlichen Haus- und Lerngemeinschaft zusammen. Nach zwei Jahren bringt er sie nach Frankfurt zurück. Später schreibt er an sie einen Brief mit vielen Bibelsprüchen in der Sprache Kanaans, und diese Aufzeichnung ist neben den Liedern das einzige Dokument von Neanders Hand: ... *Ihr seid die erste Frucht meiner Arbeit, in Schwachheit an euren Seelen durch die Kraft Jesu Christi geschehen. Gott hat mich bei euch einige Jahre haben wollen zu Heidelberg, um den Weg zum Himmel euch zu zeigen ... Seid doch beständig in alledem, davon euere zarte Gemüter sind überzeuget. Folget eifrig nach Jesum Christum ... O liebe Freunde! Gedenkt früh daran: Gedenkt an euren Schöpfer in der Jugend, ehe daß die bösen Tage kommen ... Fliehet die Lüste der Jugend, die auf den Akademien leider herrschen; jaget aber nach der Gerechtigkeit, dem Glauben, der Liebe, dem Frieden mit allen, die den Herrn anrufen von reinem Herzen. Insonderheit bitte ich auch noch dieses, daß ihr euch entschlaget der unnützen Schul-Geschwätz', davon viel in den ersten Jahren auf den Akademien verführet worden ... Studieret in dem Buch der Schrift, der Natur und in euch selbst. Sehet auf das einfältigste, doch allerheiligste Leben und Muster unsers großen Immanuel und behaltet alle miteinander das: Wer den Willen des Herrn tut, der bleibet ewiglich ...* (datiert vom 21. 3. 1675). Sein Liederwerk widmet er den *Handels-Herren* in Frankfurt und Köln, und die französisch klingenden Namen weisen wohl darauf hin, daß es sich um die Väter seiner ersten Zöglinge handelt.

Er selbst bleibt über den Winter 1673/74 in Frankfurt und übernimmt Vertretungsdienste als Kandidat des Predigtamts. Vor allem besucht er die Collegia pietatis, die privaten Erbauungsstunden des bekannten Pfarrers Philipp Jakob Spener und des Juristen Johann Jakob Schütz – die lutherische Variante zur Frömmigkeit des reformierten Pietismus, die Neander bisher kennengelernt hat. Er pflegt *genauen Umgang ... mit dem seligen Spenero*, weiß sein Biograph zu berichten, und in vielem wird ihn dieser an die Vatergestalt von Undereyk erinnert haben; Spener selbst erwähnt den Namen Neander nirgends in seinen Schriften. Mit Schütz, dem *wegen seiner Gelehrtheit, Weisheit und Gottseligkeit berühmten* Advokaten und Reichsrat, findet er sich sicher in der gemeinsamen Liebe zur Dichtkunst zusammen. Das Lied von Johann Jakob Schütz SEI LOB UND EHR DEM HÖCHSTEN GUT (EKG 233), aus jenen Erbauungsstunden entstanden, steht in unserem Gesangbuch genau vor Neanders Meisterstück – mehr als ein zufälliges Zahlenspiel; man kann Parallelen in Geist und Wort entdecken. Viel Wärme und Wachstum erfährt er in diesem Frankfurter Kreis. Er fühlt sich angenommen, auch wenn er als Reformierter aus einer ganz anderen Tradition kommt. Die schroffen Konfessionsgrenzen sind durchlässig geworden, aufgebrochen durch eine verbindende Herzensfrömmigkeit und Seelengestimmtheit. Wenn man der Notiz von Johann Martin Schamelius 1721 glauben darf, werden später bei den Erbauungsstunden in Frankfurt die Lieder des unauffälligen Kandidaten von einst gesungen: *So liebte er* [Spener] *auch*

Neanders Bundes-Lieder ... Diese und andere Zeit-Lieder sange er auch an den Betstunden Sonntags Abends mit seinen Domestiken [Hausgenossen] ... Ja, man kann noch mehr erkennen: Als der Frankfurter Kapellmeister Georg Christoph Strattner 1691 Neanders Texte neu vertont, sind über den gedruckten Bestand hinaus handschriftliche Lieder dabei, die wohl schon in seiner Frankfurter Zeit entstanden, benützt und dort aufbewahrt worden sind.

1674 – mit 24 Jahren – wird er Rektor der Lateinschule der reformierten Gemeinde in Düsseldorf; ein Schulamt gilt in jener Zeit als Vorstufe des Pfarramts. Der Titel klingt sehr hochtrabend, in Wirklichkeit ist er in eine unbedeutende Stellung eingerückt. Die Schule hat nur noch zwei Klassen, und ihr Rektor erhält den Hungerlohn von 78 Talern aufs ganze Jahr. Oft wandert er hinaus in die Einsamkeit des felsigen Düsseltales mit seinen Schluchten, Wasserfällen und Höhlen. Von alledem ist heute nicht mehr viel zu sehen, seit im letzten Jahrhundert ein Kalkwerk die Felsen abgetragen und zu Zement verarbeitet hat. In dieser einst gewaltigen Naturkulisse des *Gesteins* singt er seine Lieder von Schönheit und Schöpfung, seine Lob- und Dankgesänge; das Echo trägt sie ihm zurück. Das ist bei ihm mehr als eine bloße romantische Reminiszenz. Natur wird in außergewöhnlichem Maß zur Kultur; in den Themen, in den Worten, ja sogar im künstlerisch-geistlichen Bauprinzip. Ein merkwürdiges Stück seiner Sammlung – *nur zu lesen* vermerkt er dabei – erklärt sich so. Der Dichter ruft seine Zeilen, seine Fragen in die Schlucht hinein; aus dem Echo hört er die Stimme Jesu als Antwort und Bestätigung.

Wo bist du, Seelenfreund? Willst du denn mich verlassen?

Echo (Jesus): ... ich verlassen?

Es tritt die Not, o Herr, auf allen Seiten ein!
Echo: . . . nein!
Wo bleibt dein teures Wort? Dein Wort: Ich kann nicht hassen?
Echo: . . . kann nicht hassen!
Du gehest von mir weg. Bin ich hier nicht allein?
Echo: . . . nicht allein! . . .
Ich leb in Einsamkeit. Bist du nicht mehr der meine?
Echo: . . . meine!
Ich lieg im Streit und Kampf. Mein Feind ist Ungeduld.
Echo: . . . Geduld!
Glanz der Gerechtigkeit, mir gnädiglich erscheine!
Echo: . . . ich erscheine!
Zu meiner Seel so viel nur sprich: Du bist in Huld!
Echo: . . . bist in Huld!

Als Motto zu seiner Liederausgabe zitiert er sicher nicht ohne Absicht eine Stelle aus dem Hohenlied (2,14): *Meine Taube in den Felslöchern, in dem Verborgenen der Steinritzen: laß mich hören deine Stimme!* Manche Echo-Passage seiner Melodien wird er der Natur abgelauscht haben.
Aber nicht nur allein hält er sich im Düsseltal auf. Nimmt man den Untertitel seines Gesangbüchleins ernst: *... oder bei Christen-Ergötzungen im Grünen*, muß man annehmen, daß hier erweckliche und erbauliche Versammlungen stattfinden. Hier im Refugium, auf exterritorialem Gebiet zwischen benachbarten Städten ist man den argwöhnischen Blicken der Kirchenleitungen entzogen; hier auf halber Strecke können sich die Gesinnungsgenossen aus dem Bergischen Land geheim und ungestört treffen. Die mündliche Überlieferung wußte noch genau einzelne Stellen zu benennen: *Neanders Stuhl*, und das meint zweifelsohne den Predigtstuhl, den Ort, wo er gespro-

chen hat; *Neanders Höhle*, wo er sich verborgen hält. Später ging der Name auf die ganze Gegend über: *Neandertal.* Bei Steinbrucharbeiten fand man 1856 die Reste eines prähistorischen Menschenskeletts und gab ihm nach dem Fundort den Namen *Neandertaler* – auf so skurrile Weise werden wir an den Liederdichter Neander erinnert.

In großem Eifer geht er seinem Schulamt nach, das ihm offenbar sehr liegt. Doch rasch kommt es zu Irritationen: Gleich zum Dienstantritt weigert er sich, die ihm vorgelegten Kirchenordnungen und Schulvorschriften zu unterschreiben. Das Presbyterium ist zwar verärgert, aber übersieht den Affront und läßt ihn gewähren. Ab und an vertritt er die Kollegen im Predigtdienst, und einmal bekommt er dafür zehn Taler als Neujahrsüberraschung bewilligt. Während einer Ruhrepidemie setzt er sich mehr in der Gemeindearbeit ein. Bei seinen häufigen Hausbesuchen lernt er die Menschen der Stadt näher kennen, sie fassen bald Vertrauen zu ihrem jungen Schulrektor und treffen sich mit ihm zu privaten Erbauungsstunden.

Aber gerade dies ist in jenen Tagen ein heißes Eisen. Orthodoxie und Pietismus stehen sich in unversöhnlichen Gegensätzen gegenüber, mit Verdächtigungen und Befürchtungen auf beiden Seiten. Endlose Diskussionen bei Konsistorien, Synoden und Konventen, überall. Mancherorts einigen sich die besonnenen Vertreter ihrer Kirchenparteien darauf, daß die Erbauungsstunden als Ergänzung zum Predigtgottesdienst durchaus ihren Platz im Gemeindeaufbau haben könnten; keinesfalls aber ohne Wissen der kirchenleitenden Gremien und ohne Anwesenheit des Ortspfarrers und keinesfalls als Konkurrenzunternehmung zum öffentlichen Gottesdienst, zur kirchlichen Wortauslegung und Abendmahlsausteilung.

Neander scheint mehr und mehr dem gefährlichen und befürchteten Hang zur abgesonderten Gruppenbildung nachgegeben zu haben. Wo sind denn die wirklich Wiedergeborenen zu finden? Müssen sie sich nicht als die wahre Gemeinde Christi gerade von den anderen lauen und liederlichen Christen trennen? Er sammelt Gemeindeglieder um sich, wie er es bei Undereyk und Spener einige Jahre zuvor gelernt hat; er singt und betet mit ihnen, bespricht einen Bibelabschnitt und legt ihnen die Heiligung des Lebens ans Herz. Er selbst bleibt immer häufiger dem regulären Gottesdienst fern, auch der ohnehin seltenen Abendmahlsfeier, und wirbt dazuhin seine Leute von beidem ab. Sein Ideal ist die Pflege eines inwendigen Christentums, die Nestwärme eines kleinen erweckten Gemeinschaftskreises.

Die konfliktreiche Krise ist nicht aufzuhalten. Das Presbyterium visitiert nun seine Schule, und es stößt auf Kleinigkeiten, die sonst niemanden erregt hätten. Jetzt aber wird alles auf die Goldwaage gelegt: Er habe, ohne das Presbyterium zu informieren, ein Examen abgehalten, offensichtlich eine Katechismusprüfung nach Speners Meinung und Muster. Er habe ohne Erlaubnis einen kurzen Urlaub angetreten; und eigenmächtig habe er eine Reparatur am Schulhaus durchführen lassen. Ist die Schule zu einer Brutstätte offener Auflehnung und ihr Rektor zu einem führenden Kopf der Abspaltung geworden? Verhöre und Verhandlungen, und dabei kommt auch der heikle Punkt zur Sprache: Ihm *sollen ernstlich vorgehalten werden die heimlichen Zusammenkünfte, welche er anstellet oder mit hat anstellen helfen. Und weil solches dem (Be)schluß letztgehaltener Synodi generalis zuwider, soll im Namen des Consistorii angezeiget werden, daß im Fall solches wieder von ihm geschehe, er seines Dienstes solle entlassen werden* (Verhandlungsprotokoll vom 3. 2. 1677). Er bekommt ein vorläufiges Kanzelverbot verhängt; er soll die Schulordnung unterschreiben, doch er macht *allerlei Ausflüchte ... sowohl mündlich als schriftlich, sehr höhnisch*, heißt es in einem Protokoll. In der Gemeinde scheint sich niemand fürsprechend für ihn eingesetzt zu haben.

Während der endgültige Entlassungsbescheid noch unterwegs ist, lenkt Neander in letzter Minute ein. Er unterwirft sich und muß diesen Revers unterschreiben: *Weilen Joachim Neander wegen Unterschreibung der schuldigen Ordnung Beschwernis gemacht ... aber derselbe nunmehr einen Irrtum und Mißverstand, insonderheit daß (er) dem ehrwürdigen Consistorio nicht gebührliche Ehrerbietung erwiesen, bekennet, auch ... sich anbietet, daß (er) ... sich beständiglich unterwerfen wolle: als(o) hat ein ehrwürdiges Consistorium in Ansehung seiner Jugend und verhoffentlicher Corrigibilität oder Besserung das darin gegebene Ärgernis ihm, Neandro, für diesmal christlich verziehen ...* (Schreiben vom 17. 2.1677). Dann muß er weitere sieben oder acht Punkte zur Einhaltung unterschreiben. Eine völlige Niederlage und Demütigung: Manches sieht er ein, vieles nicht; im ganzen ist er aber wohl von der separatistischen zur kirchlichen Linie des Pietismus zurückgekehrt.

Nun sucht er woanders ein Pfarramt, aber er hat es schwer. In Düsseldorf wird er geflissentlich übergangen; nicht einmal eine Hilfspredigerstelle wird ihm anvertraut. Anderwärts wird er abgelehnt, als die Vorgänge der letzten Zeit bekannt werden. Er ist glücklich, daß ihn schließlich seine Heimatstadt Bremen aufnimmt; er wird 1679 – mit 29 Jahren – Hilfsprediger ohne Stimme im Kollegium, dritter Pfarrer an St. Martini bei seinem hochverehrten geistlichen Vater und ständigen Förderer Theodor Undereyk. Er ist weder verheiratet noch ordentlich ordiniert. Im Volksmund nennt man ihn den *Five-Prediger*, weil er den Frühgottesdienst um fünf Uhr morgens im Sommer und Winter halten muß. Ohne Zulauf, denn der Kirchenraum ist kalt; ohne Attraktion und ohne Resonanz.

Im Jahr darauf befällt ihn ein heftiges Übel – ist es die Pest?

Sein Freund und Biograph Johann Henrich Reitz kann an seinem Krankenbett noch einige markante Wort aufnotieren: *...Doch ich will mich lieber zu Tode hoffen, als durch Unglauben verloren gehen.* Einmal donnert es, da ruft er aus: *Mein Vater läßt sich hören. Ich wollte, daß er sich einmal recht hören ließe, daß es meines Vaters Eliaswagen wäre!* Mit 30 Jahren stirbt er, an einem Pfingstmontag. Irgendwo auf dem Friedhof wird er verscharrt; bis heute weiß man die Stelle seines Grabes nicht. Sein Pfarrer Undereyk hält ihm am folgenden Sonntag eine Gedächtnispredigt, und auch davon weiß man nur, weil sich ein Geistlicher beim Konsistorium beschwert, daß Undereyk das Sonntagsevangelium gehässig übergangen und einen Trauertext auf den Tod des Herrn Joachim Neander gewählt habe.

Sang- und klanglos wird er aus seiner Gemeinde verabschiedet; aber seine Lieder singen und klingen – *Psalmist des Neuen Bundes* (C.C.J. von Bunsen) hat man ihn genannt. Er hat keinen äußeren Erfolg erlebt und kein abgeschlossenes Lebenswerk hinterlassen. Aber: Lob aus der Tiefe, Liebe zu Gottes Schöpfung auf dem Hintergrund der raschen Vergänglichkeit, Liebe zu Jesus inmitten hochmütiger Konsistorialerlasse und frostiger Kirchenfrömmigkeit. Er ist einer der Frühvollendeten, von ferne dem Liedersänger Schubert vergleichbar.

*

Sein weltbekanntes, hochgerühmtes Loblied ist kein Zufallstreffer. Mit weiteren Liedern ist er der singenden Christenheit im Gedächtnis geblieben, und einige vergessene wären es wert, wieder ans Licht gehoben zu werden. Eben noch im Todesjahr erscheint sein kleines Büchlein: A & O. JOACHIMI

NEANDRI GLAUB- UND LIEBES-ÜBUNG: AUFGEMUNTERT DURCH EINFÄLTIGE BUNDES-LIEDER UND DANK-PSALMEN: NEUGESETZET NACH BEKANNT- UND UNBEKANNTE SANG-WEISEN: GEGRÜNDET AUF DEM ZWISCHEN GOTT UND DEM SÜNDER IM BLUT JESU BEFESTIGTEM FRIEDENS-SCHLUSS: ZU LESEN UND ZU SINGEN AUF REISEN, ZU HAUS ODER BEI CHRISTEN-ERGÖTZUNGEN IM GRÜNEN, DURCH EIN GEHEILIGTES HERZENS-HALLELUJA! ... (HOHESLIED 2,14) ... BREMEN, GEDRUCKT BEI HERMAN BRAUER, IM JAHR 1680.

Die Vorrede zeigt ihn als knorrigen, wuchtigen Prediger, anders als in seinem Brief an die schutzbefohlenen Schüler. Und man spürt, was er mit seinen Liedern bewirken will: *Alte Gewohnheiten, fest gewurzelt; böse Exempel, hoch gehalten; kluge Scheinreden, bald geglaubt – sind drei Hauptsäulen, darauf des Teufels Reich zu jeder Zeit sonderlich sich gestützet. Dieses sind auserlesene, feuergiftige und tötende Bösewichtspfeile, durch welche der Satan wie ein langerfahrner Tausendkünstler vielen, auch sonst in Weltsachen sehr Verständigen, so weiß das Herz zu treffen, daß darauf der ewige Tod unvermerkt, doch unfehlbar oft plötzlich erfolget. Was ist (All)gemeiners bei denen, die weder kalt noch warm sind, als auf diese Weise sich zu entschuldigen: Man sollte es bei dem Alten lassen, das so viel treffliche Männer auch getan ... Diese Satanstiefen sind noch nicht auszuforschen, dadurch er mit seinen listigen Anläufen viele verschlinget. Wer aus Gott geboren ist, lässet sich von den Strikken nicht fangen; und stellet sich der Welt nicht gleich, sondern rudert mit aller Macht stromauf; ermuntert sich selbst und seinen Nächsten, die müden Knie zu stärken und die lässige Hände aufzurichten. Dieses ist auch mein Aug(en)merk ... Der Herr segne meine Arbeit und eure Andacht ...* Die Sprache des frühen Pietismus: nicht weltflüchtig zurückgezogen, sondern kämpferisch angreifend. Und Neanders persönliche Diktion: sein Dichten als eine Form des Verkündigungsauftrags, nämlich Seelen zu erwecken und Erweckte zu begleiten.

Vielleicht hat er sein Liederbüchlein mit den 58 Nummern bei Lebzeiten gar nicht mehr im Druck gesehen; den beispiellosen Erfolg und die durchschlagende Wirkung konnte er kaum ahnen. Auf Anhieb findet es großen Anklang. Im Jahr der Erstveröffentlichung sind einige Lieder schon ins Lemgoer Gesangbuch übernommen. Gesamtnachdrucke folgen 1683 in Bremen, 1686 durch den pietistischen Verleger Andreas Luppius in Wesel, Duisburg und Frankfurt; vielleicht hat Spener den Anstoß dazu gegeben. In der Ausgabe 1689 versieht ein unbekannter Komponist die 15 Gedichte, die bei Neander ohne Noten geblieben sind, mit eigenen Melodien. Die 5. Auflage, 1691 in Frankfurt erschienen, erlangt besondere Bedeutung: Der Kapellmeister Georg Christoph Strattner erweitert den Bestand. *Mit einigen beifleißigen Nachsuchen* findet er sechs bisher ungedruckte Lieder; sie werden ihm *von vertrauten Händen kommuniziert*, wohl aus dem Gebrauch in den Frankfurter Erbauungsstunden. Und er vertont alle Lieder neu unter Verzicht auf Neanders Weisen, noch arienhafter und virtuoser bis auf jenes HIMMEL, ERDE, LUFT UND MEER (EKG WÜ 595), das denn auch den Weg in den Gemeindegesang gefunden hat. Weitere Ausgaben schließen sich an.

Aus den Gesamtausgaben dringen die Lieder bald teilweise oder geschlossen in die Kirchengesangbücher ein: als vollständiger Teil 1690 in Lemgo und 1712 in Bremen. Selbst lutherische Gesangbücher geben ihre Ablehnung auf, lange bevor die Konfessionen nach Kampf und Streit zu einer friedlicheren Ökumene gefunden haben; man empfindet seine Lieder als adäquaten Ausdruck von Reform-Orthodoxie und Pietismus. Eine breite Auswahl bieten die späteren Auflagen von Crügers PRAXIS PIETATIS MELICA und Freylinghausens GEISTREICHEM GESANGBUCH; hier wird wohl Bach das Loblied für seine Choralkantate von 1725 gefunden haben, wenn er auch in der Melodiefassung merklich abweicht. Größte

Verbreitung erlangen die Lieder durch den sog. GROSSEN NEANDER in Elberfeld 1721: das gesamte Originalbüchlein, vermehrt um weiteres, ähnlich geartetes, überwiegend pietistisch geprägtes Liedgut. Von der 2. Auflage 1736 an ist Gerhard Tersteegen der Herausgeber, der selber viel in Form und Geist für seine Dichtungen von Neander übernimmt. Die Liedgeschichte verzahnt sich: Die Singbewegung des Frühpietismus, vermehrt um die Impulse Tersteegens und anderer Sänger, wird an die Spätzeit weitergegeben. Neander aber bildet den richtungsweisenden Anfang für die reformierte Kirche und den ersten Schwerpunkt für den nicht mehr konfessionell festgelegten Pietismus.

Für die reformierten Lande bedeutet Neander tatsächlich eine Wende im gottesdienstlichen Singen. Hier galt der Genfer Psalter mit seinen 150 gereimten Liedpsalmen als das alleinige Gesangbuch, von den Anfangszeiten über 100 Jahre lang. Calvin hatte es so geordnet: das Singen im Gottesdienst aus und mit dem Wort Gottes, und dies ausschließlich. Clément Marot und Théodor Bèze hatten die Idee und die zaghaften Versuche Calvins in die Tat umgesetzt: 1562 lag der vollständig bereimte Psalter vor, der in den folgenden Jahren durch die Liedsätze von Claude Goudimel vollends beliebt und bekannt wurde. Im deutschen Sprachbereich von Norddeutschland bis zur Schweiz hat sich die Übersetzung des Lutheraners Ambrosius Lobwasser durchgesetzt, der sie 1565 Herzog Albrecht widmete und 1573 in Leipzig in Druck gab. (Ein kleiner Rest ist EKG WÜ 458 WIE NACH EINER WASSERQUELLE / EIN HIRSCH SCHREIET MIT BEGIER.) Einigendes Band blieben die Melodien und ihre Strophenformen, nach denen sich die Übersetzungen strikt zu richten hatten. Und Pfarrer oder Kantoren durften nicht nach eigenem Ermessen im Gottesdienst auswählen; zweimal im Jahr wurde der vollständige Psalter ohne Rücksicht auf das Kirchenjahr nach festgelegter, verbindlicher Ordnung durchgesungen – ein ziemlich anderes Liedverständnis als im Luthertum. Alle Neuerungen oder Erweiterungen im Laufe der Zeit scheitern an dieser Grundentscheidung; Anhangslieder werden höchstens als zweitrangig geduldet. Dabei kritisiert man schon bald laut und deutlich Lobwassers hölzerne und holprige Sprache, seine ermüdende Gleichförmigkeit und Ausführlichkeit. Der Spruch geht um: *Ein anderer lob Wasser, ich lob den Wein!* Erst Neander bricht mit seiner eindrücklichen Dichtkunst und dem hinreißenden Schwung seiner Melodien das Monopol. Das starre Beharren auf dem Herkömmlichen ist für ihn das Zeichen von kirchlicher Bewegungslosigkeit und Gleichgültigkeit. Der Pietismus bringt mancherlei Lebensprozesse in Gang; Neander, ein Kind des Pietismus, bewegt die geistliche Poesie.

Nun darf man aber seine Absicht nicht verfälschen; in erster Linie bestimmt er seine Lieder nicht für den Gottesdienst. Immerhin gibt er 20 Psalm-Melodien und etwa 15 sonstige Kirchenlieder oder beliebte Weisen zum Singen an; man kann also die Texte im Gottesdienst gebrauchen, wenn es gewollt und gewünscht wird. Seine ureigene Zielsetzung aber ist dem Buchtitel zu entnehmen: *zu lesen und zu singen*, auf Reisen, im Haus, im Freien, und das meint doch die Verwendung bei der persönlichen Andacht, im kleinen Freundeskreis, in der familiären Gruppe der Erweckten, in den Erbauungsversammlungen der häuslichen Konventikel. Nicht ein Kirchenlied, sondern ein *Seelen-* und Gemeinschafts*lied* steht ihm vor Augen. Darum ersetzt er die Kirchenmelodien durch selbstkomponierte Weisen: 43 von den 58 Texten, wobei er 18 mit dem Vermerk *Eigene Melodie* versieht, weil es für diese neuen Versmaße noch kein geeignetes Klanggewand gibt.

Überall bewies er, daß er ein geborener und wiedergeborener Musikus wäre, rühmt ihn sein Biograph Johann Henrich Reitz. Und es stimmt: Neander steht auf der Höhe der Zeit, modern in der neuen Kompositionstechnik und modern in der neuen Herzensfrömmigkeit. Ein Generalbaßlied im Typ der *Aria*, ein affekt- und gefühlsbetontes, inbrünstig und ausdrucksvoll solistisches Lied; begleitet auch im Freien durch ein Örgelchen, ein sogenanntes Portativ, durch ein kleines Cembalo, durch Laute oder Gitarre. In dieser intimen Liedform erweist sich Neander alsbald als erfindungsreicher Meister: Die Bässe sind lebendig geführt, die Harmonien mit modernen Septakkorden angereichert; vielleicht denkt er sogar an die Ausführung von Ritornellen, an instrumentale Zwischenspiele bei den einzelnen Strophen, wie es für die Aria bei Adam Krieger und Heinrich Albert üblich ist. Für eine sängerisch untrainierte Gemeinde sind die Melodien viel zu anspruchsvoll: großer Tonumfang, lebendige Punktierungen und Tonvorausnahmen, Achtelfolgen im parlando-Stil. Wohl erstmals erscheinen in einem derartigen kirchlichen Lied dynamische Angaben: Echo-Wirkungen in forte und piano oder in Oktavversetzungen (ursprünglicher Schluß bei WUNDERBARER KÖNIG EKG 235). Der Rhythmus ist oft tanzartig empfunden; in einem Lied können Vor- und Nachtanz, ein gerader Takt und ein volkstümlicher *Hupfauf* im Dreiertakt vorkommen (ursprünglicher Abgesang bei UNSER HERRSCHER, UNSER KÖNIG EKG 129). Auf Neander geht auch die geistliche Verwendung der so zweigeteilten Melodie von Adam Kriegers O ROSIDORE, EDELE FLORE zurück (in EKG 259 bei EINS IST NOT, ACH HERR, DIES EINE); er bearbeitet sie für sein Lied GROSSER PROPHETE, MEIN HERZE BEGEHRET, das Spener über alles liebt. Finden solche Melodien den Zugang zum Gesang einer großen Gruppe oder Gemeinde, werden sie natürlich zurechtgesungen und beschnitten; es geht viel vom ursprünglichen Charme verloren.

Seinem Melodieverständnis ist eine letzte Eigenart zu entnehmen: Neander liebt die Metrik des Daktylus, den Versfuß mit einer betonten und zwei folgenden unbetonten Silben. Von August Buchner in die Literatur eingeführt – bei ihm hat wohl Paul Gerhardt gehört, aber in dieser Hinsicht absolut nichts übernommen – und vom Nürnberger Dichterorden der Pegnitz-Schäfer verbreitet: *für fröhliche, scherzende oder rasende Zusammenhänge geeignet!* Neander aber überschreitet Grenzen: Ungeniert überträgt er den Daktylus auf die ernsten, frommen, geistlichen Gesänge; dieses Versmaß wird zum beliebtesten Rhythmus des Pietismus. Offenbar entspricht es seinem enthusiastischen Lebensgefühl: leichtgewichtig, vorwärtsdrängend, hinreißend; und es wird mit Lust und Liebe durchgehalten, obwohl ein Gutachten der Wittenberger Theologischen Fakultät 1716 wegen des *hüpfenden* Taktes Bedenken anmeldet und die Weisen im kirchlichen Gebrauch verbietet. In Neanders Sprache entspricht diesem Rhythmus die Vorliebe für Partizipien. Fast alle Lieder haben derart geformte Überschriften: *Der am Morgen Singende – Der am Abend Dankende – Der im Licht Wandelnde – Der in Not an Gott Klebende – Der Geängstete und Getröstete*, und auch in seinen Gedichten selbst ist dieser Stil zu spüren. Bei Neander laufen noch einmal und wohl zum letzten Mal so eindrücklich die Fäden von Textdichtung und Melodiebildung zusammen; sein ganzes sprachliches und musikalisches Können setzt er ein im Streben nach Erweckung und Ermunterung.

*

Der erste Beitrag in Neanders Gesangbüchlein BUNDES-LIEDER . . .hat programmatische Bedeutung. Man kann es schon seiner Melodiezuweisung und Anlehnung an Luthers Lied NUN FREUT EUCH, LIEBEN CHRISTEN GMEIN

(EKG 239) entnehmen; natürlich notiert er auch eine eigene ariose Weise. Die Überschrift lautet *Grund der Seligkeit* und das biblische Motto: *Ich will mit ihnen einen Bund des Friedens machen, das soll ein ewiger Bund sein* (Hes 37,26). Diese prinzipielle Zusammenordnung von Überschrift, Bibelstelle und Liedtext wird Jahrhunderte später für Jochen Klepper wichtig werden. Hier nun ein Zwiegespräch der Bündnispartner, mehr noch: ein hochoffizieller Dialog zwischen dem verheißenden, erbarmenden, rettenden Bundes-Gott und dem verlorenen, suchenden, rufenden Bundes-Genossen. Der von Gott im Paradies gestiftete und vom Menschen zerstörte *Werkbund* wird nach vielen Bundesschlüssen im Alten Testament – Noah, Abraham, Mose – im *Gnadenbund* des Neuen Testaments wiederhergestellt und überboten. Gott stellt sich mit der Präambel seines Grundgesetzes, dem Wortlaut des ersten Gebotes vor und bestätigt die Erlösung im Opfer Jesu (Str. 1). Der kleine Mensch kann darauf nur mit dem Bekenntnis seiner Unwürdigkeit antworten (Str. 2):

> (Der Bundes-Gott:)
> ICH BIN DEIN GOTT, DEIN HÖCHSTES GUT,
> ich bin mit dir versöhnet.
> Es hat gekostet teures Blut,
> so oft durch Sünd verhöhnet.
> Gottlose mach ich Herr gerecht,
> und der da war des Teufels Knecht,
> wird mein Kind und mein Erbe. (Str. 1)
>
> (Der Bundes-Genoß:)
> Ach Herr, ich bin viel zu gering
> so großer Vatertreue,
> der als ein Gotteshasser ging
> zu lästern ohne Reue.
> Was bin ich, Herr? Was ist mein Haus?

Du konntest mich wohl stoßen aus
mit deinem Fuß der Rache. (Str. 2)

Gott rückt von seiner Einladung nicht ab; von ihm geht der Wille zur Stiftung und Erneuerung des Bundes aus. Er ruft zum Leben in der Heiligung (Str. 3). Der Sünder bittet um den neuen Geist (Str. 4 nach Ps 51,12). Und Gott – er hat das erste und letzte Wort in diesem prägnanten Dialog – spricht ihm seine ewige Liebe und die Heilsgüter in Christus zu (Str. 5 nach 1 Kor 1,30):

(Der Bundes-Gott:)
Nein, nein, mein freier Gnadenbund,
ein Bund von Fried und Güte,
ein Bürge, der im Mittel stund,
macht, daß ich dich behüte.
Ein Gott des Sünders ich nun bin;
doch mußt du haben Christi Sinn
und nicht in Sünden bleiben. (Str. 3)

(Der Bundes-Genoß:)
So schaff in mir ein reines Herz,
du Schöpfer aller Dinge.
Zerknirsche mich durch Reu und Schmerz,
den alten Adam zwinge.
Ich kann ja nichtes ohne dich,
o Gott des Bundes, stärke mich,
von Rat und Tat großmächtig. (Str. 4)

(Der Bundes-Gott:)
Ich habe schon an dich gedacht
durch ewiges Erbarmen.
Dein Jesus hat es festgemacht,
lauf, lauf zu seinen Armen.
Zur Weisheit und Gerechtigkeit,

zur Heiligung ist er bereit,
Erlösung ist er worden. (Str. 5)

Gliederung und Profilierung für die geistlichen Aussagen der Lieder gewinnt man am besten, wenn man die für Neander geläufige und verpflichtende reformierte Bekenntnisschrift heranzieht, den Heidelberger Katechismus, und sich von der eindrücklichen Dreiteilung leiten läßt: *Von des Menschen Elend – Von des Menschen Erlösung – Von des Menschen Dankbarkeit.*

Vom ersten Teil – *von des Menschen Elend* – handeln viele, wenn nicht die meisten Lieder. Ein Suchen, Fragen, Ringen um Gott hebt an, ein Streben nach dem ihm wohlgefälligen Verhalten, und immer wieder muß der Gläubige sein Versagen eingestehen. *Bundes-Lieder* sind eben auch Lieder vom gebrochenen Bund, Klagelieder, Bußlieder. Die angstvolle Seele wendet sich an den tröstenden Heiland:

Ach, was bin ich, mein Erretter
und Vertreter
bei dem unsichtbaren Licht?
Sieh, ich lieg in meinem Blute.
Ja, das Gute,
so ich will, das tu ich nicht. (Str. 1)

Wie Stoßseufzer und Hilfeschreie klingen die kurzen Sätze in einem anderen Lied. Der Beter klammert sich an die eingeschobene doppelte Refrainzeile wie an einen Strohhalm. Das ist so Neanders Art: sprachlich fein durchgefeilt und knapp ausgedrückt; ja nie geschwätzig und immer mit Wesentlichem gefüllt. Vier oder fünf Strophen, und dann ist's genug; wie eine Knospe, die noch halb geschlossen bleibt; das überzeugt und gewinnt.

Sieh, hier bin ich,/ Ehrenkönig,
lege mich vor deinen Thron;
schwache Tränen,/ kindlich Sehnen
bring ich dir, du Menschensohn.
Laß dich finden,/ laß dich finden
von mir, der ich Asch und Ton!

Sieh doch auf mich,/ Herr, ich bitt dich,
lenke mich nach deinem Sinn;
dich alleine / nur ich meine,
dein erkaufter Erb' ich bin.
Laß dich finden,/ laß dich finden,
gib dich mir und nimm mich hin!

Ich begehre / nichts, o Herre,
als nur deine freie Gnad,
die du gibest,/ wo du liebest,
und man dich liebt in der Tat.
Laß dich finden,/ laß dich finden,
der hat alles, wer dich hat.

Himmelssonne,/ Seelenwonne,
unbefleckte Gotteslamm!
In der Höhle / meine Seele
suchet dich, o Bräutigam.
Laß dich finden,/ laß dich finden,
starker Held aus Davids Stamm!

Hör, wie kläglich,/ wie beweglich
dir die treue Seele singt;
wie demütig / und wehmütig
deines Kindes Stimme klingt!
Laß dich finden,/ laß dich finden,
denn mein Herze zu dir dringt.

Dieser Zeiten / Eitelkeiten,
Reichtum, Wollust, Ehr und Freud
sind nur Schmerzen / meinem Herzen,
welches sucht die Ewigkeit.
Laß dich finden,/ laß dich finden:
großer Gott, ich bin bereit. (Str. 1–6,
vgl. EKG WÜ 488)

Die Fragen finden zum Vertrauen. Der Ruf nach Erlösung endet im Dank, zu dem sich einst Paulus durchgerungen hat (Röm 7,24):

Wo soll ich hin? Wer hilfet mir?
Wer führet mich zum Leben?
Zu niemand, Herr, als nur zu dir
will ich mich frei begeben.
Du bist, der das Verlorne sucht;
du segnest das, so war verflucht:
hilf, Jesu, dem Elenden! (Str. 1)

Bist du der Arzt, der Kranke trägt?
Auf dich will ich mich legen.
Bist du der Hirt, der Schwache pflegt?
Erquicke mich mit Segen.
Ich bin gefährlich krank und schwach,
heil und verbind, hör an die Klag:
hilf, Jesu, dem Zerschlag'nen. (Str. 4)

Ich tue nicht, Herr, was ich soll,
wie kann es doch bestehen?
Es drücket mich, das weißt du wohl,
wie wird es endlich gehen?
Elender ich, wer wird mich doch
erlösen von dem Todes-Joch?
Ich danke Gott durch Christum! (Str. 5)

Der Tod ist die letzte Bewährungsprobe für den Bund. Vor der großen Erhabenheit und Ewigkeit Gottes erschrickt das vergängliche Wesen und weiß doch keinen anderen Weg, als zu ihm zu flüchten. In die alte Totentanz-Melodie ICH HAB MEIN SACH GOTT HEIMGESTELLT (EKG 315) legt Neander seine Gedanken vom letzten Stündlein:

WIE FLIEGT DAHIN DER MENSCHEN ZEIT!
Wie eilet man zur Ewigkeit!
Wie wenig denken an die Stund
von Herzensgrund!
Wie schweigt hiervon der träge Mund! (Str. 1)

Das Leben ist gleich wie ein Traum,
ein nichteswerter Wasserschaum,
im Augenblick es bald vergeht
und nicht besteht,
gleich wie ihr dieses täglich seht. (Str. 2)

Nur du, Jehova, bleibest mir
das, was du bist; ich traue dir.
Laß Berg und Hügel fallen hin,
mir ist Gewinn,
wenn ich allein bei Jesu bin. (Str. 3)

Das sind einige wenige Beispiele aus dem reichen Fundus seines Liederbuches. Allesamt sind sie so stilisiert, daß keine Silbe zur Verständlichkeit geändert zu werden braucht: kurze, konzentrierte Sätze ohne Ausufern, kristallen klare Worte fernab von jeglichem Schwulst.

Der zweite Teil – *von des Menschen Erlösung* – wird nie eigens thematisiert. Lücken sind vielsagend, Pausen tönen laut. Es ist seltsam: Neander schreibt kein einziges Lied zu irgendeinem Fest des Kirchenjahrs. Es spielt im geistlichen Leben der Reformierten im ganzen keine tragende Rolle. Aber überhaupt kein Beitrag zur Inkarnation oder Passion – wie ist das möglich? Christi Taten als Zeichen der Bundestreue Gottes werden vorausgesetzt, nicht nacherzählt. Der Dichter müht sich nur, wie er diesen Christus und seine Heilsgüter ergreifen und festhalten könnte. Jesus hat er ständig im Blick, auch wenn es verbal nicht immer zum Vorschein kommt. Mit ihm lebt er unaufhörlich im Gespräch in allen Liedern von Menschennot und Sündenelend; er fragt und ruft, er wendet sich an den erhöhten und dabei fürbittend gedenkenden und gegenwärtig wirkenden Herrn. Glühende Jesusliebe, aber kaum mit den grellen Farben der Hohelied-Poesie; der meilenweite Abstand zur Sphäre des Heiligen bleibt ihm stets bewußt. Und er schreibt kein einziges Lied von der Kirche, vom Wort Gottes oder von der Taufe. Vom Abendmahl spricht er nur in zwei Liedern vor und nach der Feier und dann im Bild vom Himmelsmanna und Lebenswasser; er wagt keine Setzung oder Auseinandersetzung. Wie sollte die Kirche für ihn auch von Bedeutung sein, wenn er sich von der Volkskirche und ihrer Versammlung distanziert? Er vertieft sich so sehr in die innersten und innigsten Seiten des Glaubens, daß ihm kaum Gelegenheit bleibt, sich umzublicken. Ein individuelles Seelenlied durchaus, und die anderen Menschen kommen nur in Betracht, wenn er sie und sich selbst aus der Schläfrigkeit wachrütteln und aus den Verstrickungen zur Befreiung führen will.

Dann aber zum dritten Teil – *von des Menschen Dankbarkeit* – legt er so viele gewichtige Beispiele vor, daß ihre Kennzeichnung mit Recht sogar in den Buchtitel eingegangen ist: ... UND DANKPSALMEN. Kein Dichter hat so phantasievoll und wortgewaltig zum Lob Gottes aufgefordert wie er. Hierher gehören das Spitzenlied LOBE DEN HERREN, DEN MÄCH-

TIGEN KÖNIG DER EHREN (EKG 234); gleich das nachfolgende WUNDERBARER KÖNIG (EKG 235), zu dessen Eigenweise Gerhard Tersteegen das verwandte Lied GOTT IST GEGENWÄRTIG (EKG 128) gesungen hat; und in früheren Gesangbüchern war ein Lied verbreitet, von dem nunmehr nur noch Neanders Melodie im Gebrauch ist (bei EKG 129):

UNSER HERRSCHER, UNSER KÖNIG,
unser allerhöchstes Gut,
herrlich ist dein großer Name,
weil er Wundertaten tut,
löblich nah und auch von fernen,
von der Erd bis an die Sternen. (Str. 1)

Herr, dein Nam ist hochgerühmet
und in aller Welt bekannt;
wo die warmen Sonnenstrahlen
nur erleuchten einig Land,
da ruft Himmel, da ruft Erde:
hochgelobt Jehova werde! (Str. 5)

Auffällig ist, mit welchen Titeln hier und bei vielen Textanfängen Gott angesprochen wird: *Heilige Majestät, himmlische Kraft, du starke Macht!*, König und Regent, Jehova und Zebaoth, vor dem sich der Mensch in den Staub wirft – herrliche, herrscherliche Züge. Und dann das Wunder der Treue, das noch mehr zu Lob und Dank drängt: der *Vater*, dessen Gaben der Güte wir empfangen. Gehäuft treten die Titel und Gleichungen in einem bezeichnenden Liedbeginn heraus:

JEHOVA IST MEIN LICHT UND GNADENSONNE,
Jehova ist die Vollenkommenheit,
Jehova ist die reine Seelenwonne,
Jehova ist der Brunn voll Heiligkeit.
In diesem Licht kann ich viel Wunder sehen...

Vom Lob ist auch der Tageslauf bestimmt. *Der am Morgen Singende* hält sich an das klassische Schema von Anrede, Dank und Bitte, und die Anklänge an Paul Gerhardt sind nicht zu überhören.

O ALLERHÖCHSTER MENSCHENHÜTER,
du unbegreiflich großes Gut,
ich will dir opfern Herz und Mut.
Stimmt an mit mir, gedenkt der Güter,
all ihr Gemüter!

Herr, deiner Kraft ich nur zuschreibe,
daß ich noch Atem schöpfen kann.
Du nimmst dich meiner gnädig an.
Du Vaterherz, mich nicht vertreibe,
heut bei mir bleibe.

Mein Herr und Gott, da ist mein Wille,
der sich dir willig untergibt,
dich über alles gerne liebt.
Das ist mein Wunsch in früher Stille,
o Gnadenfülle.

Dein Angesicht mich heilig leite,
dein Auge kräftig auf mich seh.
Ich reise, geh, sitz oder steh,
mich zu der Ewigkeit begleite,
Herr, mich bereite.

Herr, segne mich auf meinen Wegen,
mein Tun und Lassen lenke du,
in Unruh bleibe meine Ruh,
bis ich zuletzt mich werde legen
in Fried und Segen. (Str. 1–5 vollständig)

Der nach dem Essen Dankende weiß sich in Gott geborgen und lobt ihn voll Vertrauen und Zuversicht. *Der am Abend Dankende* reiht sich in das Gespräch der Emmaus-Jünger ein (Lk 24,29) und bedenkt von daher die vergangene Zeit: DER TAG IST HIN; MEIN JESU, BEI MIR BLEIBE (EKG 365 mit der Genfer Melodie zu Psalm 8). Neander knüpft bei Johann Rist an: WERDE MUNTER, MEIN GEMÜTE (EKG 360, besonders Str. 2 und 5), und Tersteegen wiederum führt Neander weiter: DER ABEND KOMMT, DIE SONNE SICH VERDECKET (EKG 366, Str. 5 und die gleiche Strophenform). Man sieht: In der Tradition des Kirchenlieds steht einer auf den Schultern des anderen. Oder anders gesagt: Es gibt einen festgeprägten, gemeinsamen Kanon von geistlichen Gelegenheiten und deren Gestaltung, dem der Dichter jeweils sein Thema entnimmt und seine individuelle Variation beifügt.

Wenn Gott als der Gott Zebaoth, der Herr der Heerscharen, verehrt und angebetet wird, dann ist es nur natürlich, daß auch eine Gemeinde von Lobsängern in riesigen Ausmaßen einbezogen wird: Himmel und Erde, Schöpfung und Kreatur, der ganze Kosmos. Von seinem Gottesbild her entdeckt Neander plötzlich die Schönheit der Natur, wenn er sein Tal durchwandert, und er sucht nach geeigneten Worten und Weisen, sein Urerlebnis hinauszusingen. Lob der Schöpfung, oder besser: Lob des Schöpfers, denn um bloße Naturlyrik geht es ihm nie. Auch nicht um eine natürliche Theologie: Ohne die Grunderkenntnis des gnädigen Bundesgottes, des um Christi willen liebenden Vaters wäre es gar nicht möglich, Gott in seiner Schöpfung zu begreifen. In seinem gewichtigsten Beispiel HIMMEL, ERDE, LUFT UND MEER (EKG WÜ 595) durchwandert er alle Bereiche, alle Elemente und endet bei der Bitte, Gott möge sein Bild, nach dem er den Menschen geschaffen hat, in uns erneuern und ausprägen. Da das Lied in den meisten Gesangbüchern stark verändert ist, sei hier die Originalgestalt vorgelegt. *Ist auch ein Reise-Lied zu Land und Wasser* – so schreibt der Dichter dazu.

HIMMEL, ERDE, LUFT UND MEER
zeugen von des Schöpfers Ehr.
Meine Seele, singe du,
bring auch jetzt dein Lob herzu.

Seht, das große Sonnenlicht
an dem Tag die Wolken bricht.
Auch der Mond und Sternenpracht
jauchzen Gott bei stiller Nacht.

Seht, der Erden runden Ball
Gott geziert hat überall.
Wälder, Felder mit dem Vieh
zeigen Gottes Finger hie(r).

Seht, wie fliegt der Vogel Schar
in den Lüften Paar bei Paar.
Donner, Blitz, Dampf, Hagel, Wind
seines Willens Diener sind.

Seht der Wasserwellen Lauf,
wie sie steigen ab und auf.
Durch ihr Rauschen sie auch noch
preisen ihren Herren hoch.

Ach mein Gott, wie wunderlich
spüret meine Seele dich!
Drücke stets in meinen Sinn,
was du bist und was ich bin. (Str. 1–6)

Neander hat wohl erstmals in der Liedgeschichte ein Gefühl für die Jahreszeiten in ihren verschiedenen Phasen entwickelt. Seine Lied-Überschriften lauten: *Frühlings-Lust im Garten, Sommer- und Herbst-Freud im Feld und Walde*, ja sogar *Winter-Gedanken im Hause:*

In der stillen Einsamkeit
findest du dein Lob bereit.
Großer Gott, erhöre mich,
denn mein Herze suchet dich.

Unveränderlich bist du,
nimmer still und doch in Ruh.
Jahreszeiten du regierst
und sie ordentlich einführst.

Diese kalte Winterluft
mit Empfindung kräftig ruft:
Sehet, welch ein starker Herr,
Sommer, Winter machet er!

Gleich wie Wolle fällt der Schnee
und bedecket, was ich seh;
wehet aber nur ein Wind,
so zerfließet er geschwind.

Gleich wie Asche liegt der Reif,
und die Kälte machet steif.
Wer kann bleiben vor dem Frost,
wenn er rufet Nord und Ost?

Alles weiß die Zeit und Uhr,
o Beherrscher der Natur.
Frühling, Sommer, Herbst und Eis
stehen da auf dein Geheiß.

O daß meine Seele dich
möchte folgen williglich!
O daß deine Feuer-Lieb
mich zu dir, Herr Jesu, trieb!

Ob schon alles draußen friert,
doch mein Herz erwärmet wird.
Preis und Dank ist hier bereit
meinem Gott in Einsamkeit! (Str. 1–8)

Neanders bleibender Beitrag zum Liedgut: die Rede vom Bund, vom unendlich treuen Bundesgott und von den trotzigen und verzagten Herzen seiner Bundesgenossen. Und der Impuls zum Lob: Lob für Gottes Verheißung, die er mit dem Bundeszeichen, dem Bogen in den Wolken, besiegelt hat: *Solange die Erde steht, soll nicht aufhören Saat und Ernte, Frost und Hitze, Sommer und Winter, Tag und Nacht* (1 Mose 8,22); Lob für Schöpfung und Erhaltung. Der weite Atem der Ewigkeit weht durch die Töne dieses nach irdischer Zeit so Frühvollendeten.

Gerhard Tersteegen

1697–1769

Die Blümlein stehen hier
gepflanzet aufs Papier;
Gott wolle selbst sie malen,
begießen und bestrahlen.
Das Herz sei deine Erd,
und jedes Blümlein werd
zur Wahrheit, Kraft und Wesen
in allen, die sie lesen.

Tersteegens *Widmungsgedicht* zu seiner Sammlung
Geistliches Blumengärtlein inniger Seelen 1729

Er hätte sich sehr verwundert – er, einer der Stillen im Lande, einer der genügsamen Gottvergnügten –, in die Ahnengalerie der großen Liedermacher eingereiht zu werden. Aber es geschieht zu Recht: Von diesem der Welt abgekehrten und der Ewigkeit zugewandten Leben sind ungesucht starke Wirkungen ausgegangen auf seine Zeit und lange daüber hinaus. Das Urteil über Tersteegen allerdings schwankt wie sonst kaum bei einem der geistlichen Väter: ein *christlicher Mystiker* – doch was ist das? Ein Pietist, dem seine Frömmigkeit über alles geht? Ein Quietist, der nur seine innere Ruhe und Abgeschiedenheit pflegt? Ein Separatist, der sein eigenes Kirchlein baut und hütet? Er gibt sich, wie er ist. Er wehrt sich nicht, schnell abgestempelt zu werden, und so ist er für viele erledigt, leicht entbehrlich, gar lächerlich. Wird er überhaupt recht verstanden? Im Grunde ist er uns fremd und fern, auch anstößig und ärgerlich, weil er einfältig und einlinig seine Gottesbeziehung lebt und erlebt; und er beschämt uns, die wir uns nicht zu einer ebensolchen Klarheit und Konsequenz durchringen.

Gerhard Tersteegen ist 1697 in Moers am Niederrhein geboren als das jüngste von acht Kindern einer frommen Kaufmannsfamilie, und in dieser pietistischen Atmosphäre reformierter Prägung – ähnlich wie bei Joachim Neander – wächst er auf. Als sein Vater stirbt, ist Gerhard noch nicht einmal sechs Jahre alt; auch mittellos darf er die Lateinschule am Ort besuchen. Hier legt er das Fundament für seine außergewöhnlichen Sprachkenntnisse in Latein, Griechisch und Hebräisch. Von den modernen Sprachen lernt er Französisch; Holländisch spricht und versteht er sowieso in diesem Hoheits- und Grenzgebiet der Niederlande. Durch ein anhaltendes, diszipliniertes Selbststudium kommt er weiter als mancher zünftige Akademiker, der auf den Hochschulen in die Welt des Geistes eingeführt worden ist. Bei einer öffentlichen Schulprüfung hält er eine Rede in lateinischen Versen *mit allgemeinem Beifall aller Gegenwärtigen.* Ein vornehmer Ratsherr will die Mutter bewegen, ihn unbedingt studieren zu lassen. Sie aber verweist auf die fehlenden Geldmittel und die brotlose Kunst der Kopfarbeit; sie bestimmt ihren Sohn kurz und bündig zum Beruf des Vaters: Er soll Kaufmann werden.
So tritt er 1712 – mit 15 Jahren – die Lehre, die *Condition* im Geschäft seines Schwagers Matthias Brink in Mülheim/Ruhr an. Er verkehrt bei den erweckten Kreisen in den Häusern hin und her; er liest und studiert, sucht und betet in jeder freien Stunde, in den Nächten. Das sieht sein Lehrherr gar nicht gern: Er läßt ihn leere Fässer sinnlos über den Hof rollen, daß er sich nur ja nicht mit geistlichen Büchern beschäftigt; und er bleut ihm ein: Wer der Welt dient, müsse ihr

ganz dienen! Seine Lehrzeit hält er durch, und mit 20 Jahren gründet er einen eigenen Krämerladen, verkauft Heringe aus dem Salzfaß und Gemüse aus dem Marktkorb. Die Geschäfte aber gehen schlecht, und er erkennt immer deutlicher, daß dieser Beruf für ihn nicht paßt; der Umgang mit den vielerlei Menschen und die unruhig hektische Tätigkeit werden ihm, der Stille und Studium ersehnt, zur unerträglichen Qual. Ein frommer Leinenweber weist ihn auf sein Handwerk hin; aber wegen der schwachen Konstitution des Körpers, wegen Koliken und Kopfschmerzen muß er auch dies aufgeben. Er bleibt in der Branche und kauft sich eine Maschine, mit der er seidene Bänder wirken kann. Wenn er von früh bis spät arbeitet, kann er sich gerade schlecht und recht durchbringen.

Geistliche Heimat findet er in den erbaulichen *Übungen*, in der brüderlichen Gemeinschaft des Predigtamtskandidaten Johann Wilhelm Hoffmann, der wegen seiner separatistischen Haltung keine kirchliche Anstellung findet; beeinflußt ist die Gruppe durch den schlesischen Edelmann Hochmann von Hochenau, einem verfolgten und vielgeschmähten Wanderprediger, dem Haupt der erweckten Inspirierten. Dort wird Tersteegen in die mystisch-innerliche Erbauungsliteratur eingeführt. Dort werden die Leitlinien seines Lebens gelegt: Ehelosigkeit, Bedürfnislosigkeit, Abgeschiedenheit des Lebens und Trennung von der offiziellen Kirche; nur sein natürlicher Hang zur Zurückhaltung bewahrt ihn vor überhitzter Seelenspannung und militanter Gewalttätigkeit. Schwächlich und kränklich, manchmal schwer leidend, eine hagere Gestalt mit oft leichenblassem Gesicht: Aus scheuer Bescheidenheit hat er sich nie porträtieren lassen; es gibt kein einziges Bild von ihm. Fünf Jahre lang lebt er wie ein asketischer Mönch, zurückgezogen wie ein Einsiedler – ein Liebhaber des armen Lebens Jesu. Auch ausgestoßen als ein überspannter Frömmler: Er wird nicht einmal zur Teilung des mütterlichen Erbes eingeladen; durch seinen Bruder läßt er sich seinen Anteil am Haus in Geld auszahlen, das er an die Armen verschenkt, sehr zum Ärger seiner lieben Verwandten. Höchste Anspruchslosigkeit: einmal am Tag eine Suppe aus Mehl, Wasser und Milch; Tee und Kaffee verschmäht er. Dabei ist er kindlich-fröhlich, ohne Trübsinn und Ungeduld, geborgen in seinem Glauben:

Ich, dein Kind, und Jesu, du:
Selig einsam!/ Gott gemeinsam!
Da ist Wohlsein, da ist Ruh.

Die Augenblicke mystischer Einung mit Gott wechseln mit Zeiten der Dürre und Wüste; Finsternis umgibt ihn, Anfechtung und Verzweiflung. *Er mußte durch manche Dunkelheiten und Proben gehen*, schreibt sein ältester Biograph, *Gott entzog ihm seine empfindliche Gnade, um seine Treue und ausharrende Geduld zu prüfen und ihn auf seine zukünftige Wirksamkeit vorzubereiten.* Verzehrend und beseligend zugleich ist die gefährliche Gratwanderung der Gottesbegegnung. Während einer Reise in eine benachbarte Stadt geht ihm ein helles inneres Licht auf: *Die versöhnende Gnade Christi wurde ihm so gründlich und überzeugend bloßgelegt, daß sein Herz völlig beruhigt wurde.* Dieser Weg der Erweckung und Bekehrung, Hingabe und Weihe mündet in einen Entschluß, den er in einem Dokument schriftlich festhält und am Gründonnerstag-Abend des Jahres 1724 – er ist jetzt 27 Jahre alt – mit seinem eigenen Blut unterzeichnet, wie es manche Gläubige vor ihm getan hatten: *Meinem Jesu! Ich verschreibe mich dir, meinem ein(z)igen Heiland und Bräutigam Christo Jesu, zu deinem völligen und ewigen Eigentum ... Von diesem Abend an sei dir mein Herz und ganze Liebe auf ewig zum schuldigen Dank ergeben und aufgeopfert! Von nun an bis in Ewigkeit nicht mein, sondern dein Wille geschehe! Befehle, herrsche und regiere in mir! Ich gebe dir Vollmacht über mich und verspreche, mit deiner Hilfe und Beistand eher dieses mein Blut bis auf den letzten Tropfen vergießen zu lassen, als mit Willen und Wissen in- und auswendig dir untreu oder ungehorsam zu werden ... Dein Geist versiegele es, was in Einfalt geschrieben dein unwürdiges Eigentum ... Gerhard Tersteegen.*

Er hat es versprochen, und er hat es gehalten. In vielen Briefen und Versen klingt dieses Erlebnis nach. Sein wohl bekanntestes Lied GOTT IST GEGENWÄRTIG (EKG 128) liest sich fast wie ein Kommentar: Ehrfurcht und Anbetung (Str. 1) – er ist sich bewußt, vor Gottes Angesicht und in seiner beständigen Gegenwart zu stehen; Anklänge an eine Berufungsvision, die des Jesaja mit dem Dreimal-Heilig (Str. 2); Selbstentsagung und Aufopferung zum Eigentum Gottes (Str. 3); dann die lobpreisende, sich öffnende und Gott empfangende Dankbarkeit (Str. 4ff.). Als er später einmal, am 22. September 1754, sein Lied bei einer Hausversammlung singen läßt, weist er ausdrücklich darauf hin, daß sein Gotteserlebnis nur christologisch, nicht pantheistisch zu verstehen sei: ... *O die große, die wichtige, die herzrührende und Göttliche Wahrheit nicht allein der allgemeinen, sondern auch und vornehmlich der besonder und innigen Gegenwart unsers Gottes in Christo muß unser Ganzes sein im Leben und im Sterben.* Und sein erstes Lied, eine Passions-Meditation, wird immer in den Zusammenhang mit dieser *Verschreibung*, diesem *Blut-Brief* gebracht: WIE BIST DU MIR SO INNIG GUT. Darin heißt es:

Umsonst will ich auch lieben dich,
mein Gott, mein Trost, mein Teil,
ich will nicht denken mehr an mich,
in dir ist all mein Heil.

Weg, Sünde, bleib mir unbewußt!
Kommt dieses Blut ins Herz,

so stirbet alle Sündenlust,
der Sinn geht himmelwärts.

O nein, ich will und kann nicht mehr,
mein Freund, betrüben dich;
dein Herz verbindt mich allzu sehr,
ach, bind mich ewiglich. (Str. 10–12)

Im Grunde ist damit Tersteegens religiöse Entwicklung abgeschlossen. Er hat seine Mitte gefunden; nun kann sich auch in seinem Lebensstil manches ändern. Er gibt die totale Askese und Einsamkeit auf, teilt Arbeit und Stube mit dem Gesinnungsgenossen Heinrich Sommer, der im gleichen Handwerk sein Brot verdient. Die Kinder seiner Brüder und seiner Schwester unterrichtet er in Religion. Immer noch auf die Gottesbegegnung konzentriert, werden ihm nun die diakonische Hilfestellung und die pastorale Aufgabe wichtiger. Die Kehrseite seiner stillen Gläubigkeit ist eine unermüdliche Tätigkeit – eigentlich das genaue Gegenteil dessen, was wir unter Seelenruhe und Abgeschiedenheit, Weltfremdheit und Beschaulichkeit verstehen.

Um 1727 – mit dem 30. Lebensjahr – gründet er die *Pilgerhütte*. Das Geschwisterpaar Otterbeck stellt ihm einen Hof bei Velbert zur Verfügung. Sieben Brüder wollen dort ein gemeinsames, gottgeweihtes Leben führen – Ansätze einer evangelischen Kommunität, damals schon! Tersteegen schreibt ihnen die geistliche Regel von zwölf Punkten, die sein Lebensideal widerspiegeln, wenn er selbst auch nie dort gewohnt hat: Gebet, Stille, körperliche Arbeit, Dienstbereitschaft und Friedfertigkeit. *Gedenkt, daß euer Haus und Herz eine Wohnung Gottes, des Allerhöchsten, sein soll. Euer Beruf ist, die Welt und deren Geist in der Wahrheit zu verlassen, eurer verderbten Natur und allem eigenen Leben beständig abzusterben und Tag und*

Nacht mit Gott umzugehen in eurem Herzen durch die Übung des wahren Gebets.

Früher schon hat er seinen geringen Lohn selbstlos in die Häuser der Bedürftigen getragen; abends, weil er unerkannt bleiben will. Jetzt und mit der Zeit immer mehr wächst sich seine Fürsorge zu einem großangelegten Hilfswerk aus. Verehrer, Gönner und vermögende Freunde namentlich aus den Niederlanden bedenken ihn mit Schenkungen und Vermächtnissen. In den ihm überschriebenen Häusern in Mülheim und anderswo nimmt er Arme und Kranke auf und beherbergt die hergereisten Ratsuchenden aus aller Welt. Er scheint auch in finanziellen Fragen uneingeschränktes Vertrauen genossen zu haben.

Früher schon hat er bei seinen Krankenbesuchen selbstgebraute Kräuterheilmittel mitgebracht. Jetzt und mit der Zeit immer mehr erweitert er seine ärztlichen Kenntnisse, wohl in dem unerforschten Grenzbereich der psychosomatischen Medizin. Für die Zubereitung seiner Arzneien stellt er einen Gehilfen ein; und er nimmt sich der armen Schlucker an, die das Geld für eine anderweitige Behandlung nicht aufbringen können. Er selbst schätzt diesen Teil seiner Tätigkeit nicht besonders hoch ein; aber aus vielen Briefen geht hervor, welch ein großer Kreis von Patienten ihm Linderung und Hilfe verdankt. Er scheint ein besonderes Verständnis für die körperlichen Nöte seiner Mitmenschen gehabt zu haben.

Um 1727 – in seinem wichtigen 30. Lebensjahr – predigt er schlicht und ernst in den pietistischen Hausversammlungen um Johann Wilhelm Hoffmann. Eine Welle von Bekehrungen breitet sich rund um Mülheim aus, im Bergischen und Cleveschen Land. Schon nach ein paar Jahren widmet er sich ausschließlich diesem Dienst als Seelsorger, Erweckungsprediger und Erbauungsschriftsteller. Sicher hat er früher schon seine Gedankenreime, Bibelpoesien und Lieder aufnotiert; jetzt sammelt und veröffentlicht er sie. Die Publizistik: In der knappen, frei verfügbaren Zeit und in den Nachtstunden übersetzt er jene Bücher, die ihn auf seinen inneren Weg gebracht haben und denen er sein geistliches Wachstum verdankt. Nun sind die Quellen seiner Spiritualität klar ersichtlich: die deutschen Mystiker Johannes Tauler und Heinrich Seuse, die spätmittelalterlichen Brüder vom Gemeinsamen Leben und Thomas von Kempen, die französischen Quietisten wie Peter Poiret und Madame de la Mothe Guyon und Separatisten wie Jean de Labadie, die spanischen Karmeliter Theresa von Jesus und Johannes vom Kreuz – eine bunte Reihe von Zeugen und Vorbildern, die wie er ihre mystisch gefärbte Gottesgemeinschaft in Weltabgeschiedenheit leben wollen. Es verwundert kaum, daß er mit einer Arbeit beginnt, die sich nach 20 Jahren gründlichem Quellenstudium und intensivem Nacherleben zu einem dreibändigen Werk auswächst: AUSERLESENE LEBENSBESCHREIBUNGEN HEILIGER SEELEN – eine Serie von 25 Lebensbildern über römisch-katholische Gläubige, zum Teil kirchlich-kanonisierte Heilige; sie kommen in ihren Hauptschriften und wunderhaften Erlebnissen selbst ausführlich zu Wort. Kritik erhebt sich schon zu seinen Lebzeiten: Ob er denn als reformierter Christ für die römische Papstkirche werben wolle? Im dritten Band 1754 äußert er sich dazu: *Ich preise die Heiligkeit dieser Seelen, nicht ihre Nam-Religion ... Ich bin und bleibe Protestant.* Aus dem Leben der Heiligen hat er selbst Einsicht und Erleuchtung geschöpft; ihnen fühlt er sich über alle Konfessionsgrenzen hinweg verwandt und verbunden; sie will er weiterempfehlen.

Nicht nur das öffentlich gesprochene oder schriftlich gedruckte Wort ist Tersteegen wichtig: Für eine weitverzweigte Personalgemeinde wird er im Gespräch zum Seelsorger, ja zum *Seelenführer*. Seit er in den Hoffmannschen Erbauungsstunden das Wort ergriffen und seit es in einer geistlichen Erweckung um sich gegriffen hat, bringen ihm viele Hilfesuchende ihre Sorgen und Nöte und erwarten seine Weisung. Zuweilen muß man lange warten, bis man ihn ein Viertelstündchen sprechen kann. Oft ist es ihm fast zu viel, bei seiner körperlichen Schwäche und seinem Wunsch nach stiller Gottbeschaulichkeit. Aber er teilt sich selbstlos, eigentlich absichtslos mit – das ist seine Stärke. Bei der Rückschau auf sein Leben schreibt er ein halbes Jahr vor seinem Tod: *Nun bleibt meine Maxime: gerne bei den Kindern, am liebsten bei dem Vater!* Sein Besuchsdienst weitet sich in Mülheim und in den Orten der näheren und weiteren Umgebung aus. Beinahe jährlich bereist er für einige Wochen die Niederlande. Seine Geistverwandten treffen sich im Haus eines Gastfreunds in Amsterdam; sie nehmen ihm sein Wort ab, auch seine Druckerzeugnisse und entlassen ihn mit beträchtlichen Summen von Spenden.

Zwischen 1740 und 1750 werden seine Erbauungsstunden, die Donnerstags-Versammlungen, von staatlicher Seite verboten. Nun läuft seine seelsorgerliche Arbeit in Form einer umfangreichen Korrespondenz weiter. Viele bitten ihn um Rat und verwickeln ihn in Probleme von Gott und Welt. Jeder darf mit einer Antwort rechnen, wenn sie auch erst nach verzögerter Zeit eintrifft. Nicht selten gibt er täglich sechs, sieben dicke Briefe dem Postmeister mit, ausführliche Stellungnahmen und Gutachten. Seine Schreiben gehen durch ganz Deutschland bis nach Schweden, sogar nach dem amerikanischen Pennsylvania, dem Asyl für die deutschen Auswanderer, die radikalen Separatisten und mystischen Spiritualisten.

Inzwischen hat sich auch seine Stellung zur Kirche, zu den

anderen christlichen Glaubensrichtungen geklärt. Er erkennt den Wert von Bibel, Kirche und Sakramenten aufrichtig an, aber er relativiert sie sofort: Äußere Hilfsmittel seien es! Die Bibel spielt naturgemäß in seinem Denken eine wichtige Rolle. Er legt sie seinen Ansprachen zugrunde und zieht sogar die Texte in den Ursprachen zu Rate, aber der Literalsinn scheint doch weniger von Belang zu sein als die geistliche Verwendbarkeit: In der Heiligen Schrift finden wir *ein stetiges Zeugnis unserer inwendigen Erfahrung. Keiner steht so niedrig und keiner steigt so hoch in der Gnade, daß er nicht sein Zeugnis in der Schrift finde. Darum kommt eigentlich keiner über die Schrift.* Von der offiziellen Kirche und den von ihr verwalteten Sakramenten distanziert er sich. In Mülheim wohnt er gegenüber der alten Petrikirche; in mehr als 20 Jahren hat er sie nie zu einem sonntäglichen Gottesdienst betreten. Er zählt einzelne reformierte und lutherische Pfarrer zu seinen Freunden; nur ein einziges Mal steht er als Prediger auf einer Kanzel, als ihn zwei Mennonitenprediger in Krefeld einladen. Seine Hausversammlungen aber hat er nie zur üblichen Gottesdienstzeit gehalten. Er denkt auch nicht im geringsten daran, seine reformierte Kirche zu verlassen. Sie ist ihm *Erb-Religion*, aber das ist gerade das Problem: Sie ist für die meisten Leute eine eben gedankenlos und wirkungslos übernommene Religion. Tersteegen leidet unter dem *Nam-Christentum*, wie er es nennt, unter der traditionellen, bekenntnisgebundenen Kirchlichkeit. Unter allen Glaubensparteien findet er wahre Gläubige, die das innerliche Leben mit Gott ahnen und suchen. An einen Freund schreibt er: *Ich glaube, daß eigentlich in den Augen Gottes nur zwei Parteien auf Erden seien, nämlich die Kinder der Welt, in welchen die Weltliebe herrschet, und dann die Kinder Gottes, in welche die Liebe Gottes ausgegossen ist durch den Heiligen Geist. Und daß Gott, außer diesem, auf alle andern Unterschied' und Namen gar nicht regardieret* [schauet]. Die reine Lehre ist keine Garantie für ein gottseliges Leben, und der wahre Glaube ist an keine Konfession gebunden. Deshalb hat er keine Lust, sich einer separatistischen Splittergruppe anzuschließen; *ein Mystiker hat wichtigere Dinge zu tun*, sagt er einmal. Er kann sehr kritisch die pietistischen Strömungen und Bewegungen beurteilen, etwa die *Leichtsinnigkeit* der Herrnhuter Brüdergemeine, die den Bußernst und die wahre Wiedergeburt unterschätze.

Überhaupt steht er nicht meinungs- und tatenlos in seiner Zeit. Die um sich greifende Aufklärung, die freisinnige Religionsspötterei einer rationalistischen Philosophie greift er mutig an. In einer Abhandlung GEDANKEN ÜBER EINES ANONYMI BUCH, GENANNT VERMISCHTE WERKE DES WELTWEISEN ZU SANSSOUCI nimmt er sogar unerschrocken den Kampf mit dem Preußenkönig Friedrich dem Großen auf; alles ohne gehässige Polemik, in einer liebenswürdigen Gelassenheit, die er aber nie mit Anpassung oder Verschwommenheit des eigenen Standpunkts verwechselt. Der Oberkonsistorialrat Johann Julius Hecker habe dieses Büchlein dem König zugespielt, und dieser hätte nach der Lektüre geurteilt: *Können das die Stillen im Lande?!* Bei einer Reise in die Rheinlande nach Wesel läßt der König den frommen Mystiker zu sich bitten; der aber schlägt die Einladung aus, weil er sich von der Begegnung keine Klärung oder Verständigung verspricht – ein stiller Mann mit einem stolzen politischen Profil!

Als er wieder Erbauungsstunden halten darf – er ist jetzt 53 Jahre alt –, fassen die Räume den Menschenzulauf nicht. Bei einer Evangelisationsversammlung steigen die Leute mit Leitern an den Fenstern hoch, um ihn zu hören. Seine Reden alle 14 Tage werden von acht Protokollanten im Nebenraum aufgezeichnet und hernach als GEISTLICHE BROSAMEN in 56 Predigten veröffentlicht. Mit 60 Jahren macht ihm ein Bruchleiden das Sprechen bei größeren Veranstaltungen und das weite Reisen zu Pferd unmöglich. Aber im Einzelgespräch, im Briefkontakt und in literarischer Produktion bleibt er unermüdlich tätig. 1769 stirbt er im Alter von 72 Jahren, still und heilig, zuversichtlich und kindlich, wie er gelebt hatte. Ein eigenartiger Mensch, der die größten Gegensätze zu umspannen vermag: Ruhen in Gott und Wirken für Menschen; Hören auf das innere Wort und Reden mit dem äußeren Wort. Ein Verkündiger ohne wissenschaftliches Universitätsstudium, aber hochgebildet durch ein rastlos suchendes und unentwegt interessiertes Selbststudium, durchglüht von der persönlichen Erfahrung. Ein Prediger ohne Amt und Würden, aber begabt mit der Ordination des Geistes und beschenkt mit einer starken Ausstrahlung von innen her. Aus seiner Gottesstille und Gedankensammlung erwächst sein Charisma zu raten, zu stärken, zu trösten und – zu dichten.

*

Tersteegen ist ein Dichter von hohem Rang, im wahrsten Sinn des Wortes ein Dichter von Gottes Gnaden. Alle seine poetischen Äußerungen von den kleinen Versen bis zu den ausgewachsenen Gedichten, von den eigenen Gedanken bis zu Übersetzungen aus anderen Sprachen sammelt er in seinem berühmten Werk GEISTLICHES BLUMENGÄRTLEIN INNIGER SEELEN. Man kann das Werden und Wachsen in den jeweils vermehrten Ausgaben gut verfolgen: Bei der ersten Auflage 1729 33 Lieder, bei der siebten Auflage 1768 ein Jahr vor seinem Tod sind es deren 111. Er bringt eine reiche Ernte ein: ein erstes Büchlein *enthaltend kurze und erbauliche Schlußreimen* (584 – mit der Nachlese 597); ein zweites Büchlein *beste-*

hend in kurzgefaßten Betrachtungen über einige auserlesene Sprüche aus den vier großen Propheten, auf das innere Leben gerichtet (136); ein drittes Büchlein *oder geistliche Lieder und Andachten* (111 – mit der Nachlese 116). Angehängt ist *Der Frommen Lotterie* – 412 vierzeilige Merkverse unter dem bezeichnenden Motto:

Dies ist der Frommen Lotterie,
wobei man kann verlieren nie;
das Nichts darin ist also groß,
als wenn dir fiel das beste Los.

Die Kurzstrophen der Spruchweisheit gewähren einen ersten Einblick in die typische Art seines Denkens und Dichtens; kostbare Bonmots, plakative Goldene Worte sind hier zu finden. Seit Friedrich von Logau mit seinen DEUTSCHEN SINNGEDICHTEN diese knappe Form in die Muttersprache eingeführt und Johann Scheffler sie in seinem CHERUBINISCHEN WANDERSMANN auf den religiösen, christlich-pantheistischen Bereich übertragen hat, gehört der Spruch zu den wirkungsmächtigen Ausdrucksformen eines Mystikers und seiner Botschaft. Tersteegen nennt seine Sprüche wie Scheffler SCHLUSSREIME: Schlußfolgerung, Beschluß, Entschluß; er räumt sich aber in der Vers- und Reimform, in der Länge und Konzentration sehr viel mehr Freiheiten ein als Scheffler; im Inhalt umschreibt er wie jener kaleidoskopartig die fünf, sechs Schwerpunkte seiner Glaubenserkenntnis.

Richte dein Streben und Sehnen auf Gott, ausschließlich und vollständig, konsequent und konzentriert! Viele Beispiele geben sich als die variierte Auslegung des Diktums von Augustin: *Unruhig ist, o Herr, das Herz in uns, bis daß es Ruhe findet bei dir*. Dies wird als die unaufhörliche, still-innerliche Bewegung der gesamten Kreatur erkannt.

Ein Stein sich nach der Erde neigt,
ein Flämmlein in die Höhe steigt,
ein Fisch will in dem Wasser leben,
ein Vogel in der Luft muß schweben;
wenn jedes ist da, wo es soll,
so ist es still und ihm ist wohl:
Mein Geist ist ruhig und vergnüget,
wenn er in Gott, sei'm Ruhpunkt, lieget. (Nr. 40)

Begreif es doch, daß Gott nicht außerhalb, sondern im Innern deiner Person wohnen will! Hier ist die Stelle, wo die Theosophie in die Christologie übergehen kann.

Du nötigst Gott so oft und läufst doch immer aus;
wenn er dich dann besucht, so bist du nicht zu Haus.
(Nr. 23)

Den Mittelpunkt von deinem Wesen
hat Gott zur Wohnung sich erlesen:
Kehr sanft hinein, da offenbart
die Gottheit ihre Gegenwart. (Nr. 259)

Bereite dich in der rechten Weise auf dieses Ereignis zu: wahre Buße, Absterben von der Welt, Aufgeben des Eigenwillens! Beseitige alles, was Gottes Aktivität hindern oder hemmen könnte! Meide den Umgang mit Menschen, das unnötige Gespräch und Geschwätz, das Lesen von Büchern, die nur dem Zeitvertreib und der Zerstreuung dienen! Gib alle Fassaden auf: Ehre und Ansehen, Geld und Gut, Wohlstand und Menschengunst, ja die Bindungen an Freunde und Nächste! Unablässig ruft er zu Selbstverleugnung und Genügsamkeit auf – zwei Grundworte seiner Spiritualität; *abgeschieden – Frieden* sein beliebtester Reim.

Je tiefer du dich wirst ins Sterben ein-ergeben,
je höher wirst du auch geführt ins wahre Leben:

Aus Finsternis kommt Licht, aus Kreuz und Leiden
Freud;
der hat das eine nicht, wer noch das andre scheut.
(Nr. 268)

Wer viel begehrt,/ wird viel gestört,
wer gar nichts will,/ bleibt immer still:
In Trost und Freuden,/ in Furcht und Leiden
bleib abgeschieden / in Gottes Frieden. (Nr. 285)

Nicht gelehrt / und nicht geehrt,
unbekannt / und eingewandt,
nichts mehr haben, nichts mehr sorgen,
willenlos in Gott verborgen,
nur der Ewigkeit gemein:
Dies soll meine Regel sein. (Nr. 352)

Laß dein eigenes Ich sterben, schwäche deinen Willen, bring die Vernunft zum Schweigen! Enthalte dich der Bilder, die dir die religiöse Vorstellungswelt vorgaukelt! Je passiver, desto besser. Nichts ist erstrebenswerter, als bildlos, werklos, formlos aus der Zeit in den ewigen Augenblick einzugehen und so in der Geborgenheit in Gott zu ruhen.

Wer gerne Frieden hätt', der breche seinen Willen,
sonst kann dich weder Gott noch alle Himmel stillen.
(Nr. 104)

O edle Freiheit, da der Wille abgeschieden
von allem, was nicht Gott, steht innig willenlos,
von Angst und Treiben frei, erhaben lebt im Frieden,
da nichts ihn rührt und stört in seines Vaters Schoß!
(Nr. 250)

Aber täusche dich nicht; der Weg der Entäußerung führt in geistliche und leibliche Leiden! Die fast undurchdringliche Gottesfinsternis ist die Kehrseite des Gotteslichtes; Leiden gehören notwendig zum Leben der Gotteskinder als läuternde Zubereitung.

> Verzage nicht, o Seel, in Kreuz- und Leidenswegen;
> wenns Gold im Feuer ist, so ist der Schmelzer nah:
> Die liebsten Kinder will der Herr am meisten fegen;
> der Weg zum Himmelreich geht über Golgatha.
> (Nr. 328)

> Wie, fliehest du das Kreuz? Geh in die Liebe ein,
> so wird das Kreuze dir ein lieber Bote sein. (Nr. 396)

> Wer Gottes Treu und Liebe kennet,
> der weiß von keiner Mühe mehr;
> Verleugnen er Vergnügen nennet,
> des Kreuzes Schande seine Ehr. (Nr. 190)

Du wirst es erleben: Der selige Zustand ist wie ein immerwährendes Gebet, ein wortloses Sich-Öffnen für das Strömen der göttlichen Liebe!

> Ich bet dich an, mein Gott, ein andrer öfters spricht;
> mein Geist es immer tut, doch sagt mein Mund es
> nicht. (Nr. 4)

In gleicher Weise sind die Merkverse aus Der Frommen Lotterie gestaltet, nur durchweg in Vierzeilern stilisiert und an den Nächsten adressiert, auch wenn er öfters mit dem unschönen, unpersönlichen *man* umschrieben wird.

> *Das beste Studieren*
> Es bringt das viele Hör'n und Lesen
> viel Bilder, aber wenig Wesen:
> Durch Meiden, Leiden, Stillesein
> wird man gelehrt und Gott gemein. (Nr. 63)

Wo Gott zu finden
Du darfst nicht sehen hin und her,
wenn du Gott suchen willst und finden;
verleugne dich und in dich kehr,
da kann sich Geist mit Geist verbinden. (Nr. 139)

Such's am rechten Ort
Du suchst es hier, du suchst es da,
und was du suchst, ist dir so nah:
Gott kann allein dich ganz vergnügen,
bleib nur in ihm im Grunde liegen. (Nr. 192)

Nichts
Nichts haben als nur Gott in allen,
nichts wollen als nur ihm gefallen,
nichts können in dir selber mehr,
nichts sein: Dies ist die höchste Lehr. (Nr. 5)

Als Muster der Bibelexegese ein Beispiel aus den KURZEN BETRACHTUNGEN. Tersteegen wählt einen Spruch aus den Propheten Jesaja, Jeremia, Hesekiel und Daniel – warum gerade aus diesen? Er hält sich mehr an die unbekannteren Worte als an die in unserer Bibel fettgedruckten Stellen – warum gerade so? Und dann überläßt er sich den Stichworten, frei meditierend und assoziierend, christologisch, psychologisch, pädagogisch deutend.
Aus der Hesekiel-Vision vom Totenfeld:
Ihr verdorrten Beine, hört des Herrn Wort. So spricht der Herr von diesen Gebeinen: Siehe, ich will einen Geist in euch bringen, daß ihr sollt lebendig werden. Ich will euch Adern geben und Fleisch lassen über euch wachsen und mit Haut überziehen und will euch einen Geist geben, daß ihr wieder lebendig werdet, und sollt erfahren, daß ich der Herr bin (Hes 37, 4-6).

Die Gnadenmittel sind wie Adern an dem Leib:
Das äußre Fleisch und Haut sind Lehr und Wort und
Pflichten,
die auch ein toter Heid' kann von Natur verrichten.
Ich leb nicht wie ein Christ, solang ich so nur bleib.
Geist ist es, der mir fehlt, sonst hilft es nichts, fürwahr,
Schein ist es ohne Sein, ein Leichnam ohne Leben;
Gott muß mir Jesu Geist in meinem Innern geben,
daß ich wie Jesus leb und seine Kraft erfahr. (Nr. 104)

*

Die Lieder: Sie haben eigentlich den Namen Tersteegen in Erinnerung gehalten; sie haben sich die Gesangbücher jeglicher Provenienz und Profession erobert. Wie er selbst sein Tun und Dichten einschätzt, ersehen wir aus dem Vorbericht in seinem GEISTLICHEN BLUMENGÄRTLEIN: ...*Es sind mir diese Schlußreime und Andachten mehrenteils unvermutet und zufälligerweise innerhalb weniger Zeit, nun und dann eines, gegeben worden; die ich dann auch, ohne viel auf Kunst und Zierlichkeit zu denken, so wie sie mir in die Gedanken kamen, aufs Papier gesetzt ... Ich kann demnach dem Leser von meiner kleinen Arbeit nichts Großes versprechen, zumal es unter anhaltenden Hauptschmerzen und Leibesschwächen geschrieben ist ... Ich habe getrachtet, alles mit so deutlichen, einfältigen und mit so wenigen Worten auszudrücken, als mir möglich war ... So rede ich auch bisweilen in diesen Reimen von sehr geistlichen und innigen Wahrheiten, nicht als wenn ich sie schon hätte, sondern weil ich sie durch die Gnade Gottes so köstlich und liebenswert erkenne, daß ich sie von Herzen umfasse und in mir zu erfahren verlange, ja auch bei Gelegenheit sie andern gleichfalls in Schwachheit anzupreisen nicht unterlassen kann* ... Das Ergebnis ist jedoch höchst bewundernswert; die Verse klingen keineswegs so improvisiert und beiläufig, wie er es selbst empfindet; sie müssen ihm in jahrelanger Konzentration und Meditation zugewachsen sein. Alles ist fein geformt und gefügt nach Gehalt und Sprache, ausgereift und abgeklärt. Seine Gedanken sind hell und klar, niemals schillernd oder verworren, schwülstig oder gestelzt; er versagt sich die plumpen Plattheiten und die pathetischen Höhenflüge der Dichter seiner Zeit. Er ist der Meister der zarten, weichen Pastelltöne; in sanftem Wohllaut fließt seine Sprache dahin, ohne Paukenschlag oder Gefühlstremolo; dabei so überzeitlich, daß zu heutigem Gebrauch kaum eine Silbe geändert zu werden braucht, wenn man seine Aussage akzeptieren will.

Am besten schreitet man die Peripherie ab, um von dort zu seinem eigentlichen Zentrum zu kommen; die bekannten Stichworte seiner Lebensbotschaft werden uns noch einmal intensiver begegnen. Tersteegen singt Natur- und Jahreszeitenlieder – seltsam genug für einen angeblich verinnerlichten Mystiker und rigorosen Asketen. Leider ist diese Seite seines Wesens ziemlich unbekannt geblieben. In dieser Sparte hat er sich von seinem reformierten Geistverwandten Joachim Neander inspirieren lassen, der zwei Generationen früher bei *Christen-Ergötzungen im Grünen* seine Lieder gesungen hat. Ihn bewundert er, seine Versmaße samt den Melodien übernimmt er mit Vorliebe; seine Lieder macht er als den GROSSEN NEANDER in mehreren Auflagen seit 1736 immer wieder bekannt. Das Naturerleben wird Tersteegen durch die Heilige Schrift vermittelt. Beim Lesen trifft er einmal auf die Stelle im Hohenlied 7,12: *Komm, mein Freund, laß uns aufs Feld hinausgehen*; indem er solch ein Bibelwort innerlich nachvollzieht, gehen ihm plötzlich die Augen auf für die Schönheit der Schöpfung, für die Kunstfertigkeit seines Gottes, und er dichtet die *Innige Frühlings-Belustigung*:

Komm, lass uns gehn, mein Freund, hinaus aufs Feld,
laß uns besehn des Frühlings Pracht und Freude,
schau da dein Werk, die Erd im neuen Kleide!
Es grünt, es blüht, dir jauchzet alle Welt.

Der Vöglein Schar singt lustig Tag und Nacht,
das Bienlein saugt gar emsig bei dem Wetter.
Wie süß bestrahlt die Sonne Blum und Blätter!
Du bists, mein Licht, der alles fröhlich macht.

Im Herzen du, dort außen die Figur,
ich liebe dich in deinen Schildereien
und muß mich ja herzkindlich drüber freuen;
wie schön, wie schön ist deine Kreatur!

Das kleinste Blatt, das feinste Gräselein
rühmt deine Kunst. Was grünt und blüht und lebet,
ein liebend Herz entzückt zu dir erhebet;
wie schön, wie schön muß nicht das Urbild sein!

Dein'r Himmel Pracht, dein tausend Tausendschön,
draus im Triumph stets neue Wunder grünen,
dein Leben und dein Geben, uns zu dienen,
kann ich vergnügt in dem Gemälde sehn.

Die Sonne lockt der Blüte Knospen aus,
die Erde trägt den Schoß voll Erstlingsgaben:
Gras, Kraut und Korn zum Nähren und zum Laben;
hier bring ichs dir als Priester in dein Haus.

Ich schaue dort mit süßem Andachtsblick
der Blumen Zier in Gärten und in Wiesen,
Gestalt, Geruch und Farben hoch gepriesen,
und bringe dir die ganze Pracht zurück.

Die Nachtigall singt Halleluja dir,
bewunderend den neuen Schmuck im Grünen;
hör, Liebster, hör, so will ich auch dir dienen,
in dir mein Herz sich freu und jubilier!

Die Lerche trägt dein Lob so hoch sie kann;
ich möcht in dir als meiner Luft so schweben,
dich, seligs Gut, mit höchstem Lob erheben;
doch wer erreichts? Ich sink, ich bete an.

(Str. 1–9 ganz)

Diese Verse fordern den Vergleich mit Paul Gerhardt heraus. Doch nur Nuancen sind festzustellen: Bei Gerhardt ist die Schöpfung mehr das Abbild der zukünftigen Paradiesesherrlichkeit, bei Tersteegen eher die Anwesenheit des ewigen Urbilds in der zeitlichen Gegenwart.

Die Wechselwirkungen zwischen Natur und Gnade sind vielfältig, wie es *Christliche Herbstgedanken* zeigen:

Wo bleibt die Pracht sonst schöner Bäume,
so mancher schönen Blumen Zier?
Und wo im Tod der Narren Träume?
Wer will, such seinen Himmel hier!
Mein unverwelklich-schöner Garten
steht schon im Blühn, ich kann ja warten. (Str. 1)

Merk, Seel, was nackte Bäume lehren
und jetzt im Herbst das kahle Feld:
Laß dich kein Schein noch Traum betören,
gar nichts besteht in dieser Welt;
such nackt ein ewig himmlisch Leben,
das Jesu Einfluß nur kann geben. (Str. 2)

Oder das Lied *Heiliges Sitzen im Felde* in der erhabenen Melodie von Wie schön leuchtet der Morgenstern (EKG 48):

Mein Innres sei dein Paradies,
das deinen Einfluß stets genieß
und dir zu Ehren grüne;
das monatlich dir Früchte bring,
drin ich dir schöne Lieder sing,
dich bei mir hab, dir diene:
Da ruht / sichs gut;
Blumen, Blätter,/ Sonnenwetter,
bald vergehen,
himmlisch Schön bleibt ewig stehen. (Str. 4)

Wann grünt dein ganzer Erdenkreis?
Wann geben dir die Völker Preis
und werden untertänig?
Wann wirst du groß in mir und alln,
daß, die du schufst, zu Fuß dir falln
und schrei'n: Der Herr ist König?
Gieße / süße
Geisteskräfte,/ Lebenssäfte
in mich Schwachen,
bis du alles neu wirst machen. (Str. 5)

Diese Strophe eines Naturlieds wurde im letzten Jahrhundert zum oft angestimmten Hoffnungsgesang für die Weltmission!

Tersteegen singt Tagzeitenlieder: Jeder Tag ist ihm gottesdienstlich geweiht und atmet die ungebrochene Gegenwart Gottes; kein Gesangbuch kann auf seine Sicht der Dinge verzichten. Der Morgen wird zum Bild für das Aufstrahlen des ewigen Geistes:

Das äussre Sonnenlicht ist da
und leucht' mir ins Gesicht:

Gott ist noch mehr dem Geiste nah
mit seinem Lebenslicht.

Ach wohn in mir, du Gottheitssonn,
mein Geist dein Himmel werd,
daß ich, o reine Seelenwonn,
werd ganz in dich verklärt.

Der Adler schaut geradezu
die Sonne fröhlich an;
mein Geistes-Aug eröffne du,
daß ich dich schauen kann. (Str. 1,2,5 –
vgl. EKG WÜ 581)

Mit einem anderen Morgenlied beginnt er seine Liedersammlung:

O Jesu, meines Lebens Licht,
nun ist die Nacht vergangen;
mein Geistes-Aug zu dir sich richt',
dein' Anblick zu empfangen.

Du hast, da ich nicht sorgen konnt,
mich vor Gefahr bedecket
und auch vor andern mich gesund
nun aus dem Schlaf erwecket.

Mein Leben schenkst du mir aufs neu,
es sei dir auch verschrieben,
mit neuem Ernst, mit neuer Treu
dich diesen Tag zu lieben. (Str. 1–3)

Besonders köstlich ist ihm der Abend. Im Dunkeln wohnt Gott; dunkel ist der Urgrund der Seele, aus dem in der Stille das geheimnisvolle Licht des Geistes hervorleuchten kann. Der Abend ist die Stunde, um ins Heiligtum zu gehen, zu schweigen und zu beten, sich fallen zu lassen und in seinem Gott zu ruhen. In unserem Gesangbuch hat sich erhalten: DER ABEND KOMMT, DIE SONNE SICH VERDECKET (EKG 366) und NUN SICH DER TAG GEENDET (EKG 367), zu dem das Parallellied am Morgen gehört WANN SICH DIE SONN ERHEBET (in EKG WÜ 367 sind zwei Strophen daraus in das Abendlied übernommen). Hierher gehört noch eine Dichtung, die der höchsten Literatur zuzurechnen ist und für die Tersteegen wegen des ungewöhnlichen Versmaßes eine weltliche Melodie selbst bearbeitet hat:

NUN SCHLÄFET MAN,
und wer nicht schlafen kann,
der bete mit mir an
den großen Namen,
dem Tag und Nacht
wird von der Himmelswacht
Preis, Lob und Ehr gebracht.
O Jesu, Amen!

Weg Phantasie,
mein Herr und Gott ist hie!
Du schläfst, mein Wächter, nie;
dir will ich wachen.
Ich liebe dich,
ich geb zum Opfer mich
und lasse ewiglich
dich mit mir machen.

Es leuchte dir
der Himmelslichter Zier;
ich sei dein Sternlein, hier
und dort zu funkeln.
Nun kehr ich ein;

Herr, rede du allein
beim tiefsten Stillesein
zu mir im Dunkeln. (Str. 1–3 ganz –
vgl. EKG WÜ 587)

Statt eines Mittags- oder Tischliedes bedenkt er betend sein Tagewerk in der Arbeit: ein Berufslied mit 19 Strophen.

In Jesu Namen ich alleine
fang wieder mein Berufswerk an.
O möcht ichs tun, wie ers getan!
Sein' Arbeit heilige die meine,
so ist sie reine. (Str. 1)

Tersteegen singt Festlieder zum Kirchenjahr. Das ist die erstaunlichste Beobachtung, denn er hält sich ja von der Kirche und ihrem Feierrhythmus fern, und die Gliederung des Jahres durch die Christusfeste spielt bei den Reformierten in Schriftlesungen und Gesängen kaum eine Rolle; so hat Joachim Neander konsequenterweise kein Festlied vorgelegt. Tersteegen aber beschenkt die Höhepunkte des Kirchenjahrs mit herausragenden Beispielen; er vermag ihnen sogar die besonderen Akzente seiner Frömmigkeit aufzuprägen. Weihnachten: Jauchzet, ihr Himmel, frohlocket, ihr Engel, in Chören (EKG 33 – direkt auf Neanders Loblied-Melodie gedichtet!). Er lobt den Gott, der in Kindesgestalt kommt (Str. 1–4) und der eben diese Kindergestalt der vertrauenden Abhängigkeit in uns wirken will (Str. 5–8). Passion: Setze dich, mein Geist, ein wenig (EKG WÜ 416 mit verändertem Anfang). Die Leidenshingabe des Heilands (originale Str. 1–6) will er mit seiner Leidensbereitschaft beantworten (Str. 7–12): *...dir verschreib ich Herz und Sinn.* Ein unbekannt gebliebenes Osterlied: Willkomm', verklärter Gottessohn, das mit seiner Überschrift *Jesus im Stande seiner Erhöhung* die besondere Blickrichtung zeigt. Dann aber volltönend ausgeführt in *Anbetung Jesu bei seiner Himmelfahrt*: Siegesfürste, Ehrenkönig (EKG 95). In hymnischen Tönen, mit dem ihm eigenen Klang preist er die Glorie des Erhöhten, der zum Herrscher aller Welt geworden ist. Pfingsten erlebt er als Einwohnung des Heiligen Geistes: O Gott, o Geist, o Licht des Lebens (EKG WÜ 425). Er singt Lieder vom Leben in der Heiligung, aber durchaus im Duktus seiner vornehmen Charakterhaltung. Von den schwärmerischen geistlichen Liebesliedern im Stil des biblischen Hohenliedes ist er ebenso meilenweit entfernt wie von den schmetternden Fanfaren eines militanten, chiliastischen Endzeitkampfes. Kritisiert er einmal, geschieht es ohne Polemik und Aggression. Ruft er zur Buße, redet er zwar eindringlich, aber nie drängerisch; er schiebt und drückt nicht, wie man es von ihm als einem evangelistischen Prediger erwarten könnte: Gott rufet noch. Sollt ich nicht endlich hören? (EKG 271). Zurückhaltend unterlegt er seine Verse nicht einer modernen, pietistisch hüpfenden Weise, sondern der alten, in sich schwingenden Genfer Melodie zum achten Psalm. Alle peinlichen Spitzen und Haken schleift er sorgfältig zu einer gerundeten, dichterischen Form ab; strophenweise sagt er *ich*, bevor er ein *Du* anspricht.

Doch dann führt uns Tersteegen in seinen Liedern in Bereiche, in denen er die Tiefenschichten der Bibel und des Glaubens persönlich pointiert erschließt. Lieder von der Kirche oder den Sakramenten dürfen wir von ihm, der sich lebenslang im Abseits des verfaßten Kirchentums aufhält, nicht erwarten. Aber er besingt die brüderlich-schwesterliche Gemeinschaft der Erweckten in bisher unerhörten Ausmaßen: Jesu, der du bist alleine / Haupt und König der Ge-

MEINE (EKG 215). Er weiß etwas von der Einheit im Geist zu sagen, von der Fülle der Gaben, vor allem von den Aufgaben der fürsorglichen Bitte füreinander (Str. 4ff.). In seinem Nachdenken über die Gemeinde entdeckt er das alte Pilgerlied des wandernden Gottesvolkes in neuen Dimensionen: KOMMT, KINDER, LASST UNS GEHEN (EKG 272). Ein geistliches Wanderlied, nicht harmlos, eher herausfordernd für unsere Weltseligkeit und Weltverfallenheit. Unterwegs und mobil zu sein – das sind auch hochgelobte Tugenden unserer Zeit; wir sind Reisende zwischen Arbeitsplatz und Wohnsitz, vielleicht auch Touristen in Freizeit und Urlaub. Aber Pilger? Und wo liegt das Ziel unserer Reise? Tersteegen scheut sich nicht, die Selbstbezeichnung der ersten Christen als *Fremdlinge und Pilgrime* (1 Petr 1,1; 2,11) aufzunehmen. Schon im Herbst des Mittelalters klingt es an, daß sich der Mensch in der Welt nicht heimisch fühlt, daß er sie in Himmels-Sehnsucht überschreiten möchte (Heinrich von Laufenbergs ICH WOLLT, DASS ICH DAHEIME WÄR EKG 308). Im Pietismus kommt dieser Gedanke zu neuer Blüte, und in der Romantik schwingt er noch lange säkular-sentimental nach (Franz Schuberts Winterreise FREMD BIN ICH EINGEZOGEN). Keiner aber hat die Bewegung zur Ewigkeit so auszudrücken gewußt wie Tersteegen, so eilend und zielgerichtet, dabei so weltüberlegen, so mutig und munter, im Grunde so fröhlich und beschwingt. Mit 19 Strophen ist es sein längstes Lied, das er sauber in der Mitte teilt. Der erste Abschnitt (original Str. 1–10) spricht von Aufbruch, von Durststrecken und Stolpersteinen auf dem Weg. Unbedingt sind die ausgefallenen Strophen hinzuzunehmen:

Was wir hier hör'n und sehen,
das hör'n und sehn wir kaum,
wir lassens da und gehen,

es irret uns kein Traum.
Wir gehn ins Ewge ein,
mit Gott muß unser Handel,
im Himmel unser Wandel
und Herz und alles sein.

Wir wandeln eingekehret,
veracht' und unbekannt;
man siehet, kennt und höret
uns kaum im fremden Land;
und höret man uns ja,
so höret man uns singen
von unsern großen Dingen,
die auf uns warten da. (original Str. 9,10)

Mit dem gleichen Anfangssatz beginnt der zweite Teil (Str. 11–19): Gottes Dabeisein, die Bruderschaft der Weggenossen und das ewige Ziel; auch hier wären noch einige gestrichene Strophen wichtig. Der Gedanke der Erden-Wanderschaft zur Himmels-Ewigkeit ist bei Tersteegen so stark, daß er in anderen Zusammenhängen auftaucht. Es wäre noch einmal an das Abendlied mit der wohl schönsten Strophe zu diesem Thema zu erinnern:

Ein Tag, der sagt dem andern,
mein Leben sei ein Wandern
zur großen Ewigkeit.
O Ewigkeit, du schöne,
mein Herz an dich gewöhne!
Mein Heim ist nicht in dieser Zeit. (EKG 367,4)

Niemand sonst beschreibt wie er so ohne Krampf und Eifer die Enthaltsamkeit von irdischen Dingen als den ungleich seligeren Gewinn in Gott: Allgenugsam Wesen (EKG 270). Seine beiden Lieblingsworte sind hier eindrücklich zusammengestellt: das *Wesen*, das Wesentliche, die wahrhaftige Existenz gegenüber der nur scheinbaren und schillernden Oberflächenwelt; ins Wesen einzugehen ist das Ziel des Erdenlebens. Und *Gott ist genug* – Tersteegen liebt alle Ableitungen von *genug*: *Vergnügen* nicht als Unterhaltung oder Lust verstanden, sondern im Sinne von *Genügen bringen*. Gott ist in jeder Hinsicht genugsam, er bedarf keiner Ergänzung; darum *vergnügt* er alleine, wenn die Verbindung mit ihm geknüpft ist. In diesen Zusammenhang gehört auch Für dich sei ganz mein Herz und Leben (EKG WÜ 527) mit jener Strophe Ich bete an die Macht der Liebe, die in der Melodie von Bortniansky als Zapfenstreich in der preußischen Kaserne eine etwas merkwürdige Öffentlichkeitsgeltung bekommen hat.

Und dann ganz im Zentrum: Kein Dichter führt wie er die Gotteskinder zur feiernden Anbetung vor Gottes Angesicht zusammen; Dimensionen des himmlisch-ewigen Gottesdienstes eröffnen sich in einer Größe und Reinheit, die alle kleinlichen irdischen Belange hinter sich gelassen haben. Gott ist gegenwärtig (EKG 128); das Segenslied nach dem aaronitischen Segen 4 Mose 6,24-27, nun aber trinitarisch gedeutet: Brunn alles Heils, dich ehren wir (EKG 112); und ein Lobhymnus, den wir leider nicht mehr in unserem Gesangbuch haben; er führt Text und Melodie von Wachet auf, ruft uns die Stimme (EKG 121) noch tiefer in die Anbetung hinein:

> O Majestät, wir fallen nieder;
> zwar du bedarfst nicht unsrer Lieder,
> uns ziemt und nutzt dein Lob so sehr.
> Zu deinem Lob sind wir geboren,
> so teur erkauft, so hoch erkoren,

o Seligkeit, dir geben Ehr.
Zu deinem Lobe nur
ist alle Kreatur,
seligs Wesen!
Wir kommen dann
und beten an;
im Geist und Wahrheit seis getan. (Str. 1)

Die Seraphim und Cherubinen
dir Tag und Nacht mit Ehrfurcht dienen,
der Engel Scharen ohne Zahl.
Die höchsten Geister, die dich kennen,
dich heilig, heilig, heilig nennen,
sie fallen nieder allzumal.
Ihr Seligsein bist du,
dir schreibt man alles zu.
Amen, amen!
Auch wir sind dein
und stimmen ein:
Du, Gott, bist unser Gott allein. (Str. 2)

Eine tiefe Konzentration, eine hohe Erhabenheit, eine betende, ja anbetende Geistesstille gehen von seinen Versen aus – einzigartige Gaben, die die Kirche und ihr Gesangbuch seinem Leben und seinen Liedern verdanken.

Nikolaus Ludwig Graf von Zinzendorf

1700–1760

Doch wollen wir auch wagen,/ in unsern Tagen
der Ruhe abzusagen,/ die's Tun vergißt.
Wir wolln nach Arbeit fragen,/ wo welche ist,
nicht mehr am Amt verzagen,/ uns fröhlich plagen
und unsre Steine tragen / aufs Baugerüst.

Die Liebe wird uns leiten,/ den Weg bereiten
und mit den Augen deuten / auf mancherlei,
obs etwa Zeit zu streiten,/ ob Rasttag sei.
Wir sehen uns schon von weiten / die Grad und Zeiten
von unsern Seligkeiten:/ nur treu, nur treu!

Wir sind nicht einsam blieben,/ wir solln uns üben
mit größern Gnadentrieben / als eins allein.
Wir sind am Stamm beklieben [geklebt]
/ der Kreuzgemein.
Drum gilts gemeinsam lieben,/ sich mitbetrüben
und unsre Lasten schieben,/ die unser sein.

Ein Gemeindelied, zusammengestellt aus Liedern
zu einem Geburtstag 1736 und einer Hochzeit 1733
(vgl. EKG WÜ 464)

Sucht man den genialsten und originellsten Künstler unter den Liedermachern im Gesangbuch, wird er eindeutig in dem weltgewandten, wortgewaltigen und singfreudigen, frommen Grafen zu finden sein. Überdimensional, geradezu maßlos ist schon der Umfang seiner dichterischen Produktion: Die Zahl

Nikolaus Ludwig Graf von Zinzendorf
1700 – 1760

von 2000 Liedern scheint eher untertrieben. Ebenso üppig, ja zügellos ist die Art der Gestaltung. Als Grundstimmung muß man die individuelle Erlebnislyrik annehmen: Gefühle und Gedanken, ob zu Hause oder auf Reisen, spiegeln sich im Lied. Hinzu tritt durchaus zeitgemäß die Gelegenheitslyrik: Schwellensituationen wie Geburts-, Hochzeits- und Todestage von Frau und Kindern, von Mitarbeitern, Freunden und fernen Gönnern werden in Poesie gefaßt; Anlaß und Datum bleiben unvergessen, selbst wenn die Gedichte hernach zu Gemeindeliedern umgemodelt werden. Der Schwerpunkt aber liegt je länger, desto mehr bei der Gruppenlyrik; die meisten Dichtungen sind für die Gemeinde und in der Gemeinde entstanden: absichtsvolle Botschaften im wohlgefügten Wortgewand, aber auch lässig improvisierte, spontan kreative Verse aus dem Stegreif, die die Gemeinde unmittelbar nachsingt. *Wie bei einem Faß, daran man den Spunden aufmacht* – so seine eigene, ein wenig selbstironische Beurteilung. Ein Votum des großen Theologen und Volksliedforschers Johann Gottfried Herder von 1802 mag verdeutlichen, daß man schon früh in dieser extravaganten Mischung die Faszination Zinzendorfs verspürt hat: *Die unglaubliche Leichtigkeit, mit der er sein Werk trieb, tausenderlei gefällige Eingänge* [Einfälle], *die ihm dabei zu Gebote standen, eine Kühnheit mit Klugheit und Vorsicht, eine Heiterkeit, bei der er die Gegenwart des Geistes nie verlor, eine Popularität, die sich bisweilen zum Gemeinen herabließ, vor allem aber Lust und Liebe zu seinem Werk, charakterisierten ihn in Handlungen und Schriften, in Predigten und Liedern ... Wer mag auch den hingeworfensten Liedern des Grafen eine Biegsamkeit der Sprache, einen Reichtum an kühnen Wendungen und Herzensausdrükken absprechen, der oft überrascht, oft betäubt. Und in den erles'neren Gesängen, zumal wenn sie die Gemeine und ihre entfernten Brüder betreffen, hier welche stille Ruhe! dort welche zarte Innigkeit und Demut!*

Nikolaus Ludwig Graf und Herr von Zinzendorf und Pottendorf – und es folgen noch weitere ehrenvolle Titel –, Sproß eines uralten, in Österreich begüterten und geadelten Geschlechts, verwandt mit den welfischen und staufischen Herrscherlinien, ist 1700 in Dresden geboren. Er gehört dem oberen Rang der Aristokratie an: der Vater ein kursächsischer Geheimer Rat und Staatsminister, die Mutter eine Freifrau aus der einflußreichen Oberlausitzer Adelssippe. Aus der Taufe heben ihn die Kurfürstinnen von Sachsen und von der Pfalz und der Berliner Oberhofprediger und Nestor der pietistischen Bewegung Philipp Jakob Spener – repräsentativer und erfolgversprechender geht es kaum. Zehn Wochen nach der Geburt stirbt der Vater 38jährig an einem Blutsturz; die junge Mutter kehrt mit ihrem einzigen Kind ins Elternhaus zurück. Hier auf dem Wasserschloß Großhennersdorf bei Zittau empfängt der kleine *Lutz* die ersten Kindheitseindrücke. Und als Charlotte Justine 1704 den preußischen Generalfeldmarschall von Natzmer heiratet und nach Berlin übersiedelt, bleibt der Junge in der familiären Obhut der verwitweten Großmutter, der Landvögtin Henriette Katharina von Gersdorf. Eine hochgebildete Frau: Sie singt und malt, dichtet und dolmetscht, liest selbstverständlich die Bibel in den Ursprachen und führt mit dem renommierten Philosophen Leibniz einen lateinischen Briefwechsel. Dabei verwaltet sie umsichtig und lebenstüchtig ihre Ländereien. Ihre geistliche Mitte findet sie durch die Begegnung mit August Hermann Francke im hallischen Pietismus; ihre Dichtungen werden in die dort erscheinenden Gesangbücher übernommen.

Dieser ungewöhnlichen Frau verdankt Zinzendorf seine Lebensrichtung: *Ich habe meine Prinzipien von ihr her ... Sie war eine Person, der alles in der Welt anlag, was den Heiland interessierte; ... was Herz hatte und an sie kam, das war ihr Nächster.* Die Erziehung, die die Hauslehrer besorgen, ist streng, aber nicht engherzig, religiös nüchtern und unbefangen frei. Seine Frühreife und Begabung an Vernunft und Phantasie fallen auf, sein glänzendes Gedächtnis und seine Leichtigkeit im Umgang mit der Mutter- und Fremdsprache. Schwer zu zügeln aber sind seine Unbändigkeit und trotzige Eigenwilligkeit; schmerzlich muß er Autoritätsrespekt und Selbstbeherrschung lernen. Die Hausandacht erlebt er als sinnerfüllte Umgangsform; in alten und neuen Liedern geht die Glaubensbotschaft in seine Seele ein und findet Resonanz. Die Erfahrungen des geistlichen Austauschs im kleinen Kreis werden einmal seine Vorstellung vom Gemeindeaufbau bestimmen. Ein Schlüsselerlebnis der Anfechtung hat er nie vergessen: Die Großmutter singt dem Achtjährigen ein Schlaflied von Zeit und Ewigkeit, und er verfällt in tiefes Sinnieren, in die Krise eines kindlich-frommen Weltbildes: *Die raffiniertesten Ideen der Atheisten entsponnen sich von selbst in meinem Gemüt.* Jetzt und später immer wieder klammert er sich zur Vergewisserung des Glaubensgrundes an *seinen göttlichen Bruder* und die innige *Heilandsreligion*; im Zweifel wie im Vertrauen gleichermaßen von stürmischer, verzehrender Leidenschaft erfüllt.

1710 – mit nunmehr 10 Jahren – wird Zinzendorf unsanft und unvorbereitet aus der behütenden Atmosphäre herausgerissen. Der Familienrat schickt ihn auf das Königliche Pädagogium Franckes nach Halle, der geistig und geistlich fortschrittlichsten Schule der Zeit. Mutter und Stiefvater erhoffen eine Zähmung seiner Individualität: ... *Man müßte mich sehr niedrig halten, denn ich inkliniere* [neige] *zum Hochmut, zu großen Unternehmungen und bilde mir auf Grund meiner Gaben etwas ein,* vermerkt er selbst. Als Persönlichkeit aus dem Hochadel steht ihm eine Separatwohnung zu, ein Student als Diener und ein von der Familie vorgegebener Hofmeister. Dieser entpuppt sich als hämischer Aufpasser, ja als teuflischer Intrigant, der ihn zu Streichen aufhetzt und gleichzeitig bei der Anstaltsleitung und dem Vormund verpetzt. Trotzdem verläuft die Schulzeit nicht eben unglücklich. Er lernt zu arbeiten, auch in Garten und Werkstatt. Die strenge Zucht weckt schlummernde Kräfte; die frühe Gewöhnung an eine Zeiteinteilung ermöglicht später die gewaltige Arbeitsleistung. Festanlässe gibt es genug, Schülerkonzerte, Predigt- und Singegottesdienste, und auch die Gelegenheit, mit kleinen lateinischen und griechischen, französischen und deutschen Reden vor den erlauchten Besuchern zu brillieren. Aus aller Welt kommen sie: Diplomaten europäischer Klein- und Großstaaten, Gesandte und Siedler aus Übersee. Bei Tisch – der junge Graf darf an der Seite Franckes speisen – werden Nachrichten ausgetauscht, Pläne geschmiedet, Unternehmungen eingefädelt. Zinzendorfs wilde Unternehmungslust zur Heidenmission wird angestachelt; sein Entschluß, *in Kompanie zu gehen* und sich für die Umgestaltung der Welt im Geist Jesu einzusetzen. Noch eine andere Neigung kommt zum Vorschein: das Talent der gruppenformenden Organisation. Er gründet einen kleinen Schüler-Bibelstudienkreis, den er als weitverzweigte Sozietät, als eine Art Ordensgemeinschaft plant. *So laßt uns denn unserm lieben Herrn und Heiland mit fröhlichem Mut, weil wir unter seiner Fahne geschworen haben, folgen!* – von ihm als missionierender *Senfkorn-Orden* propagiert, von den Mitschülern als *Senatus sanctus* bespöttelt, von der Internatsleitung mißtrauisch beäugt.

Von Anfang an begleiten Liedverse diesen ungewöhnlichen Lebenslauf. Seine Sammlung DEUTSCHER GEDICHTE ERSTER TEIL von 1735 beginnt Zinzendorf mit einem Lied des Dreizehnjährigen *Über den Heiland*, und manche findigen Forscher wie etwa Albert Knapp haben aus den Archiven noch frühere Entwürfe und Abschriften ans Licht gezogen. Seine eigene Konfirmation kommentiert der Vierzehnjährige mit dem Lied *Bei der ersten Kommunion,* das sogar den Weg in Kirchengesangbücher gefunden hat:

So ist es denn geschehen:
Ich habe Gott gesehen.
Er hat sich eingefunden
und sich mit mir verbunden.
Er hat mich Liebes-Kranken
bei seligen Gedanken
zu seinem Tisch geleitet
und teure Kost bereitet. (Str. 1)

Wie dank ichs Christi Liebe,
die aus dem treusten Triebe
sich, um mich zu erheben,
ins Niedrige gegeben!
Wie dank ichs seinem Herzen,
das so viel herbe Schmerzen
für mich, der sie verschuldet,
aus lauter Lieb erduldet! (Str. 2)

Und nach dem Liebes-Mahle
gib, daß ich dir bezahle
die selige Gelübde,
darin sich Jesus übte.
Es werd an mir gesehen
sein Tod und Auferstehen,
sein Kampf und Überwinden,
sein Suchen und sein Finden. (Str. 6)

Mit 16 Jahren verläßt er das Franckesche Pädagogium: innerlich gereifter, äußerlich disziplinierter, mit höchstem Bildungsstand und international geweitetem Bewußtsein ausgestattet. Daheim in Großhennersdorf atmet er erst einmal auf, noch immer mit seinen Ordensplänen beschäftigt. Dann wachsen ihm andere Aufgaben zu: Er soll in die Rolle eines adlig-galanten Kavaliers hineinwachsen. Er begeistert sich an Kutsche und Pferd; zeitlebens ist er ein ausdauernder Reiter, aber ein mühsamer Fußgänger geblieben. Es folgen erste Repräsentationspflichten und Kontaktgespräche im Zirkel der hohen Aristokratie. Er versteht zutiefst, daß ein Standesherr ein guter Patron und Landesvater zu sein hat, dem das leibliche und geistige Wohl seiner Untertanen anvertraut ist; an dieser honorablen Fürstengesinnung hat er nie gerüttelt.

Im gleichen Jahr 1716 zieht er zur Universität Wittenberg. Der Vormund bestimmt ihn zum Jurastudium. Dem Wunsch zur Theologie und der Einladung Franckes nach Halle wird nicht stattgegeben; auf jeden Fall solle er sich *die pietistischen Grimassen* abgewöhnen, wird gesagt. Der junge Graf muß sich fügen. Sein ehemaliger Hofmeister Crisenius begleitet, kontrolliert und beschneidet ihn wie eh und je. In der studentischen Gesellschaft wird der liebenswürdige und elegante Reichsgraf umworben, er aber lehnt wie die hallischen Pietisten Theater und Oper, verwilderte Trinkgelage, hemmungsloses Glücksspiel und unmäßigen Kleiderluxus rigoros ab; im Lebenszuschnitt will er *geschicktester und feinster Kavalier und Christ* sein. Manchmal fällt er aus der angepaßten Rolle, wenn er duellierende Todfeinde versöhnt oder vor ausschweifenden Gesellschaften warnt: *Alle, die um mich sind, mokieren sich aufs höchste über meine Singularität.*

Bei theologischen Vorlesungen und Disputationen darf er sich nicht blicken lassen, aber er verkehrt in den Professorenhäusern und liest privat im geheimen Luthers Schriften und die reformatorischen Bekenntnisse. Ihn belastet die tiefe Kluft aus gehässigen Verdächtigungen zwischen den lutherisch-orthodoxen und den hallisch-pietistischen Kirchenparteien. Den Drang zur konfessionellen Vermittlung und Versöhnung wird er nie mehr los. *Ich arbeitete heute unter herzlichem Gebet an einem neuen Scripto: Einige Friedensgedanken an die streitende lutherische Kirche* ... Sogar die morgenländischen Kirchen sucht er durch einen Briefwechsel in die Unionsbestrebungen einzubeziehen. Doch bevor die entscheidenden Verhandlungen zwischen den Repräsentanten zustande kommen, erscheint plötzlich die alarmierte Mutter in Wittenberg mit dem Befehl: *Ehe du in dein eigenes Etablissement kommst, hast du zu parieren!* Das ist eindeutig; der junge Jurist wird von Wittenberg abberufen und mit seinem älteren Stiefbruder auf die standesübliche Studien- und Kavaliersreise geschickt.

In der kurfürstlichen Galerie in Düsseldorf – wieder ein Schicksals-Augenblick – sieht er das Bild eines italienischen Malers vom Schmerzensmann mit der Inschrift: *Ich habe dies für dich gelitten, was tust du wahrhaftig für mich?* Kein Erlebnis einer Bekehrung, eher eine Bestätigung, auf dem eingeschlagenen Weg weiterzugehen. Den Sommer 1719 verbringt die Reisegesellschaft in Holland; an der renommierten Universität Utrecht setzt er seine juristischen Studien fort. Zahllose Begegnungen mit reformierten Adelskreisen beeindrucken ihn: *Das machte, daß ich mich von der Zeit an bemühte, das Beste in allen Religionen zu entdecken.* Er bekommt Kontakte mit den frühen Aufklärern: *In Holland stürmten mancherlei freigeistige und andere Meinungen auf meinen Kopf los, richteten aber nichts in meinem Herzen an.* Er übernimmt die kritische Aufrichtigkeit inmitten dieser schauspielerischen Verlogenheit der Zeit; auch den glänzenden Redestil, der sich bei ihm bisweilen ins Satirische und Sarkastische steigern kann.

Dann trennen sich die ungleichen Halbbrüder, und Zinzendorf hält sich bis ins Frühjahr 1720 in Paris auf. Durch verwandtschaftliche Beziehungen bekommt er Zugang zum Glanz des französischen Hofes; er wird dem Nachfolger des Sonnenkönigs Ludwig XIV. vorgestellt. Er erkrankt an den Blattern und behält zeitlebens die Narben im Gesicht zurück. Er beobachtet viel; vor allem aber studiert er die Bibel, und in den Salons genießt er den Ruf, die ganze Heilige Schrift auswendig zu wissen. Um ihn zu prüfen, lockt man ihn in verfängliche Situationen. Dann aber wird der sonst so harmlos-heitere Graf schroff und verletzend; in sittlich-religiösen Fragen kennt er keine Konzessionen. Seine Pariser *Neu-Jahrs-Gedanken* von 1720 fassen seine Welt in bewegende Verse:

> O wachsamer Geist,/ der Wunder beweist,
> erscheine der Seele;/ dein göttliches Öle
> durchströme den Sinn./ Es muß ihm gelingen,
> dein Reich zu erringen,/ er sehnt sich dahin.
> Der dornige Steg / kann Helden erschrecken
> und Tapfere strecken;/ der sandige Weg
> macht müde und matt./ Wer aber dich hat,
> den machen die Beulen / nur hurtiger eilen
> zur bleibenden Stadt./ Drum Streiter-Herz auf!
> Auf! Ohn Verweilen / vollführe den Lauf.

Eine merkwürdige und zugleich ergreifende Begegnung ereignet sich: Er, der 19jährige deutsche protestantische Reichsgraf, schließt Freundschaft mit dem 70jährigen Louis-Antoine de Noailles, dem mächtigsten katholischen Kardinal-Erzbischof. Im Gedanken der christlichen Mystik treffen sich die so ungleichen Christen, im Wunsch der Vertiefung *in das unergründliche Meer des Leidens und Verdienstes Jesu und die dadurch erworbene Gnade, selig und heilig zu werden.* Wieder ist ihm seine Berufung als Bahnbrecher einer ökumenischen Weite bewußt geworden; er erkennt, daß sich die Fülle des Evangeliums in den Nationen und Konfessionen verschieden bricht. Es gibt mehrere *Tropen*, wird er später sagen, Bekenntnisausprägungen und Lebensstile, die ihr Eigenrecht haben und sich gegenseitig zur Gemeinsamkeit des Geistes ergänzen. Er läßt Johann Arnds Erbauungsbuch ins Französische übersetzen und gibt 1727 ein CHRIST-KATHOLISCHES SINGE- UND BETBÜCHLEIN heraus, das Lieder des katholischen Johann Scheffler mit den evangelischen Chorälen verbindet. Der Kardinal wird Taufpate bei Zinzendorfs erstem Sohn – Spuren des Reiches Gottes in Frieden und Freiheit. Paris ist für ihn nicht wie für viele andere zum Grab des Glaubens geworden.

Auf der Rückreise durch die Schweiz trifft er seinen hallischen Schulfreund Friedrich von Watteville, der sein treuester Mitarbeiter werden sollte. In Franken und Thüringen besucht er die blutsverwandten Grafenhäuser; in der Ebersdorfer Schloßgemeinschaft lernt er seine künftige Frau kennen. Gerne wäre er einer Berufung in den Staatsdienst nach Dresden ausgewichen; einer unbesoldeten Stelle als kursächsischer Hof- und Justizrat kann er sich letztlich nicht entziehen. Widerwillig, wenn auch fachkundig arbeitet er sich in die Verwaltungsgeschäfte ein. Und er erlebt wenig sichtbaren Erfolg: Sein Bemühen um eine schrittweise Rechtsreform scheitert; eine ihm zugeschobene Kassenrevision des korrupten Staatswesens gibt er schleunigst zurück, als ihm ein sauberes Vorgehen nicht zugestanden wird. Ein angepaßter, willfähriger Fürstendiener ist er nie gewesen.

*

Verschiedene Ereignisse, teils geplant, teils zufällig, markieren für das Jahr 1722 einen Einschnitt. Den feierlichen Akt seiner Volljährigkeitserklärung erlebt Zinzendorf 1721 mit großer Kulisse in Berlin bei seinem Stiefvater. Der Großmutter kauft er unter Aufbietung aller verfügbaren Mittel den benachbarten Gutsbezirk Berthelsdorf ab; im Mai 1722 huldigt die Bevölkerung dem gräflichen Patron im großen Saal des Herrenhauses. Er genießt seine langersehnte Selbständigkeit: *... denn du bist nun emanzipiert und hast deine Hofhaltung für dich!* Tatsächlich bringt seine Dienerschaft das verlotterte Anwesen wieder auf die Höhe; fast 100 Leute ernährt die Schloßwirtschaft.

Dann kommt eine unvermutete Anfrage: Der Zimmermann Christian David aus Mähren bittet den Grafen um Asyl für Glaubensflüchtlinge. Zinzendorf sagt locker zu, und alsbald führt der Bittsteller die ersten mährischen Exulanten über die scharf bewachte böhmische Grenze ins sächsische Land. Bei ihrer Ankunft im Juni 1722 ist Zinzendorf verreist; die Landvögtin weist ihnen eine unbebaute Stelle am Hutberg als Wohnplatz zu, eine gute Wegstunde von Dorf und Schloß Berthelsdorf entfernt. Unvergeßlich ist Zinzendorf ein Dezemberabend in diesem Jahr, als er, mit seiner jungen Frau im Kutschenwagen von Dresden herkommend, ein Licht am Waldrand erblickt, und unnachahmlich faßt er das Erlebnis in poetische Worte:

> Wir fragten: Wem ist dieses Haus?
> Die Leute sprachen: euer!
> Da stiegen wir geschwind heraus
> und wärmten uns am Feuer.
> Wie war doch unser Herz entbrannt,
> da Pilger vor uns stunden,
> die weit weg von ihrem Vaterland
> die freie Gnade funden.

Die Siedlung Herrnhut war gegründet, die einmal in allen Erdteilen einen guten Klang bekommen sollte.

Im September 1722 heiratet er die gleichaltrige Komtesse Erdmuthe Dorothea von Reuß-Ebersdorf. Man kann nur bewundern, wie diese zarte, aber zähe Frau ihrem sendungsbewußten, rastlos herumreisenden Gatten zur Seite steht, die schwierigen Wirtschaftsfragen meistert; aus den gleichen Glaubensquellen wie er schöpft und teilt sie aus. Sie bejaht die Idee der *Streiterehe*, und das meint die verantwortliche Partnerschaft im Dienst des Reiches Gottes. Es klingt schon in seinem Gedicht *Eigene Hochzeit-Gedanken* an, in dem er die Seligpreisungen im Blick auf seine Eheschließung bedenkt; später wird daraus ein wichtiges Gemeinschaftslied:

Kron und Lohn beherzter Ringer,
der Seligkeit Herwiederbringer,
Herr Jesu, Herr der Herrlichkeit!
Schau vor deines Thrones Stufen
zwei Seelen, welche zu dir rufen,
sie wären gerne benedeit.
Du segnest ja so gern,
Gesegneter des Herrn;/ wir begehren's.
So komm herein,/ wir sind ja dein,
und laß uns recht gesegnet sein. (Str. 1)

Darum hast du uns verbunden,
und das vielleicht auf wenig Stunden;
du hast aus zweien eins gemacht,
daß wir mit verknüpften Machten
die Krone zu erkämpfen trachten;
hier stehen wir auf unsrer Wacht.
Wir sind von deinem Stamm,
du bist der Bräutigam,/ wir sind Glieder.
O Mann und Haupt,/ wer also glaubt,
der wird dir nimmermehr geraubt. (Str. 15)

Also müssen wir auf Erden
nie als in dir erfunden werden;
du hast uns je und je geliebt.
Du hast erst um uns geworben,
du bist vor Liebe gar gestorben;
wer ist, der solche Proben gibt?
Wohlan, wir lieben dich,
o Liebe eigentlich;/ unsre Liebe
ist nur ein Bild,/ solang es gilt,
wie du uns endlich lieben will(s)t. (Str. 16)

Zinzendorf entwickelt Plan um Plan, von einem gewagten Unternehmen stürmt er zum noch gewagteren weiter. Erst möchte er sein eigenes Kirchspiel aufrütteln, dann die ganze Oberlausitz geistlich *munter* machen. Er stellt Magister Johann Andreas Rothe, den er bei einer Vertretungspredigt in Großhennersdorf gehört und der wohl auch den Kontakt zu den mährischen Asylanten vermittelt hat, als Pfarrer von Berthelsdorf an; daraus erwächst eine innige, wenn auch bisweilen spannungsvolle Freundschaft beider Männer. Sie grüßen sich mit Geburtstagsgedichten, so Zinzendorf gleich 1722 mit einem programmatischen Wort:

Christum über alles lieben
übertrifft die Wissenschaft;
ist sie noch so hoch getrieben,
bleibt sie ohne alle Kraft,
wo nicht Jesu Christi Geist
sich zugleich in ihr erweist.
Jesum recht im Glauben küssen
ist das allerhöchste Wissen. (Str. 1)

Christum lieben ist die Kette,
so die Freundschaft feste macht;
liebt man Christum um die Wette

wird der Lauf mit Lust vollbracht.
Jesus, unser höchster Schatz,
hält auf dieser Bahn den Platz,
und am abgemeßnen Ende
laufen wir in seine Hände. (Str. 2)

Christi Liebe, Einfalt, Wahrheit
und der Bruder-Liebe Band,
die bestehn in Kraft und Klarheit
hier und auch im Vaterland.
Treuer Freund, wie wünsch ich dir
diese ungemeine Zier,
diese Krone aller Gaben:
Christum Jesum lieb zu haben. (Str. 8)

Rothe antwortet zu den entsprechenden Gelegenheiten. Sein Meisterstück allerdings, das Hohelied von Gottes Barmherzigkeit, ICH HABE NUN DEN GRUND GEFUNDEN (EKG 269), hat er wohl von seiner früheren Hauslehrerstelle mitgebracht. (In manchen Gegenden sind bekannt geblieben: das Glaubenslied UNVERWANDT AUF CHRISTUM SEHEN / BLEIBT DER WEG ZUR SELIGKEIT (EKG WÜ 503) und das Kindertotenlied WENN KLEINE HIMMELSERBEN / IN IHRER UNSCHULD STERBEN,/ SO BÜSST MAN SIE NICHT EIN.) Zinzendorf gibt später seinem Pfarrer ein begeistertes Zeugnis, obwohl dieser nie der Brüdergemeine beitritt und sich 1737 ein weniger strapaziöses Pfarramt bei Görlitz sucht: *Ich kann die flammende Kanzel und die gewaltige Predigt in Berthelsdorf zu Herrn Rothes Zeiten nicht vergessen... Er war keinem Bauer zu dunkel und keinem Philosoph zu seicht. Seine Feinde bewunderten ihn; die Brüder, auch zu der Zeit ihres Mißvergnügens gegen ihn, erkannten und fühlten seine Vollmacht.* Die Gottesdienste verlaufen unkonventionell, ja sensationell, wie den Beobachtern auffällt: Der Graf setzte sich nach der Kinderlehre als *Gehilfe oder Katechet ... mit Herrn*

Rothen, August Neißer und Martin Dober vor den Altar und hielt ein Kolloquium, und wer was zu sagen hatte, der redete von seiner Kirchenbank oder vom Chor herunter. Dieses Gottesdienstgespräch mündet in ein gemeinsames Singen: Zinzendorf überrascht mit improvisierten Liedern – erste Anzeichen der von Halle angeregten, später berühmten *Singstunde, da man hintereinander fortsingt und aus einer Melodie in die andere fällt.*
Er gründet wieder einmal eine Sozietät, einen *Vier-Bruderbund* mit Magister Rothe, Pfarrer Scheffer aus Görlitz und dem alten Freund Friedrich von Watteville. Sie planen und begleiten die geistlichen Aktionen. Mit der EBERSDORFER BIBEL, einer revidierten Lutherübersetzung mit summarischen Erklärungen, treten sie an die Öffentlichkeit. *Die Herren Theologi haben sich fast müde geredet. Darum müssen Politici aufstehen, Leute, die die Religion nicht benötigen, um sich in der Welt fortzubringen ...* – nach Zinzendorfs Meinung ist die Stunde der mündigen Laien gekommen. Ein für junge Adlige der Oberlausitz und Schlesiens gegründetes Pädagogium wird bald wieder aufgelöst, um das ohnehin gespannte Verhältnis zum hallischen Pietismus nicht noch mehr zu belasten.
Der merkwürdige Graf erregt Unruhe, wo und wie er sich auch bewegt. Bei den Krönungsfeierlichkeiten Kaiser Karls VI. zum böhmischen König 1723 in Prag spricht er die berüchtigten Religionspatente an, die allen evangelischen Christen in Böhmen mit den härtesten Verfolgungen, Zwangsarbeit, Deportation oder Galeerenstrafe drohen. Persönlich wagemutig und diplomatisch geschickt propagiert er eine neue Kultur- und Religionspolitik, eine Toleranz für den unterdrückten Geheimprotestantismus. Viel bewegt dieser poetisch wie politisch engagierte Christ, aber er erregt zugleich Gegenbewegungen. Das Dresden von August dem Starken mit der rastlosen Bautätigkeit am stattlichen Zwinger und an manchem orientalisch anmutenden Lustschloß, mit

den prachtvoll-prunkenden Festen von Kunst, Komödie und Karneval – inmitten dieser Maskerade fühlt sich Zinzendorf wie ein Fremdling. Er mischt sich unter die Bürger und nimmt einen verwaisten Bibelstudienkreis in seine Stadtwohnung am Kohlmarkt auf. Woche für Woche versammeln sich bis zu hundert Personen: Beamte und Ärzte, Kaufleute und Handwerker mit ihren Frauen. Der Graf hält die Ansprache, und unter der Begleitung eines Positivs wird viel gesungen. Bei Hofe erregt sein Name Gespött, bei der Kirche aber Ärgernis. Auf Anzeigen hin schreitet der Superintendent Valentin Ernst Löscher mahnend und drohend ein (sein Lied ICH GRÜSSE DICH AM KREUZESSTAMM EKG 70 ist in Sprache und Geist gar nicht so weit von Zinzendorfs Art entfernt – was für ein seltsames Gebilde ist doch ein Gesangbuch!). Daraufhin lädt Zinzendorf die bisherigen Teilnehmer gruppenweise an seine gräfliche Tafel, das ist unverdächtig, die dienenden Brüder servieren in Livree. Man liest wie eh und je die Bibel und: *Die Musik ist die Hauptsache!*

Er findet auch das Vertrauen der separatistischen Kreise, jener stillen, verborgenen und verfemten Zirkel, die innerlich aus Staat und Staatskirche emigriert sind; auch hier fordert er öffentlich Toleranz. Mitte 1725 beginnt Zinzendorf eine weitere gewagte Sache: Er läßt wöchentlich ein mehrseitiges Flugblatt LE SOCRATE DE DRESDE – DER DRESDNISCHE SOKRATES ohne Verfassernamen erscheinen. In witziger Polemik greift er schonungslos die Schäden von Staat und Kirche an und geißelt gnadenlos die entleerten Formen der Frömmigkeit. Die Stadtpolizei fahndet fieberhaft nach dem Autor, kann jedoch nur einen Verteiler und den Drucker ausfindig machen. Immer ausgiebiger macht der Staatsbeamte von seinem Recht Gebrauch, im Sommer beliebig lang auf seinen Gütern zu bleiben, bis er sich 1727 vom Hofdienst in Dresden beurlauben läßt; woanders wird er nötiger gebraucht.

1726 stirbt die geliebte Großmutter, die Landvögtin von Großhennersdorf, die sich bisher großmütig hinter seine geistlichen Interessen gestellt hat. Ihr ruft er die Aria nach der Parentation, der Gedächtnisrede nach, und seine Worte, im Gesangbuch der speziellen Veranlassung entkleidet, haben schon manche Trauernden getröstet:

Die Christen gehn von Ort zu Ort
gerade durch den Jammer
und kommen in den Friedens-Port
und ruhn in ihrer Kammer.
Gott hält der Seelen Lauf
durch sein Umarmen auf;
das Weizenkorn wird in sein Beet
auf Hoffnung reicher Frucht gesät.

Wie seid ihr doch so wohl gereist!
Gelobt sei'n eure Schritte,
du allbereit befreiter Geist,
du noch verschloßne Hütte!
Den rührt der Bräutigam
mit sanfter Liebesflamm;
die deckt in ungestörter Ruh
der Liebe stiller Schatten zu.

Wir freun uns in Gelassenheit
der großen Offenbarung;
indessen bleibt dein Pilgerkleid
in heiliger Verwahrung.
Wie ist dein Glück so groß!
Sei froh im Gnaden-Schoß!
Die Liebe führ uns gleiche Bahn
so tief hinab, so hoch hinan.

(Str. 1–3, vgl. EKG WÜ 452)

Die Fürsorge des Grafen, der auf so unkonventionelle Weise Jurist und Christ sein will, richtet sich immer mehr auf die in sein Territorium zugewanderten Glaubensflüchtlinge – ohne sein Zutun seine Lebensaufgabe. 1727 zählt Herrnhut bereits 300 Einwohner, die eine Hälfte aus Mähren kommend, die andere aus fast allen Winkeln Deutschlands: Separatisten, Sektierer und Sonderlinge, die ohne Zwang und Zensur zu leben verlangen. Die tollsten Gerüchte von diesem Ketzernest dringen in die Residenzstadt. In der Tat muß man für diese stetig wachsende und schwärmerisch wuchernde Gemeinde Vorkehrungen treffen. Ein Aufnahmeverfahren wird eingeführt: Die Asylanten werden nach ihren Beweggründen gefragt und *wie sie sich allhier zu nähren gedenken.* Zinzendorf erläßt feste Ortsgesetze, *herrschaftliche Gebote* im Grundsatz von Toleranz und Gewissensfreiheit; selbst Katholiken können bei ihrer ererbten Religion verbleiben. *Herrnhut soll zu ewigen Zeiten von aller Dienstbarkeit, Leibeigenschaft usw. mit allen seinen statutenmäßigen Einwohnern freigesprochen werden.* Schutzuntertanen sind sie, freiwillige Mitglieder eines christlichen Vereins, die dafür bescheidene Steuern an die Herrschaft zahlen; nach der Verlesung und Anerkennung der Statuten legen sie ihre Hand in die des Grafen. So entsteht mit diesen Akkerknechten und Bauersleuten, Hirten und Handwerkern eine ganz natürliche, unsentimentale Bruderschaft. Sie wird noch vertieft an jenem denkwürdigen Sonntag, dem 13. August 1727, als sie bei dem gemeinsamen Kirchgang in Berthelsdorf die Kraft des Geistes Gottes erfahren: *Sie lernten einander lieben!* Aus einer zusammengewürfelten Bürgergemeinde ist eine freiheitlich zusammengeschlossene Christengemeinde geworden.

In diesem Geist bauen sie gemeinsam ihr religiös-soziales Gemeinwesen, wie es das christliche Abendland so noch nicht erlebt hat. Die genialen Entwürfe des Grafen werden mit der Entschlossenheit der Gründergeneration in die Tat umgesetzt. Zwölf Älteste werden gewählt, die über Hausbau und Handel wachen, Neuankömmlinge prüfen und Streitfälle schlichten; eine Unzahl von Ehrenämtern schließt sich an. Vieles ist neu, was uns heute selbstverständlich erscheint: Kranke werden pflegerisch betreut, Altgewordene und Besitzlose selbstverständlich mitgetragen; Lindenalleen gepflanzt und Häuser samt Straßen saubergehalten. Man achtet auf Gewissenhaftigkeit, beste Güte der hergestellten Waren und gerechten Preis für die geleistete Arbeit. Ins Jahr 1728 reichen die Anfänge der Herrnhuter Losungen zurück; ursprünglich wird das ausgeloste Bibelwort jeden Morgen durch die Türen in die Häuser hineingerufen – Marschbefehl für die Arbeit vor Ort und für das Reich Gottes.

*

Einmal muß man das Ensemble von gottesdienstlichem Gemeindeleben, Gesangbuchausgaben und Liedgesängen im Zusammenhang betrachten. Liederbegabt und singfreudig sind alle Kreise des Pietismus, aber keiner hat wie die Brüdergemeine zu einer so singulären Art gefunden, Abart und Unart eingeschlossen. Zinzendorfs Lobsprüche über das geistliche Singen suchen ihresgleichen: *Die Lieder sind eine inkomparable* [unvergleichliche] *Sache, ohne die eine Gemeine des Heilands keine Freude auf der Welt hätte. Die Wahrheiten der Schrift durchsingen und sie dadurch leibhaft machen, zeugt von der Göttlichkeit seiner Gemeine. – Das Singen ist eine von den größten Realitäten in der Gemeine und nichts anderes als ein räsonables* [vernünftiges] *Kirchengebet. – Das Gesangbuch ist eine Art Antwort auf die Bibel, ein Echo und Fortsetzung. Aus der Bibel sieht man, wie Gott mit dem Menschen redet, und aus dem Gesangbuch, wie die Menschen mit Gott reden.*

Im Mittelpunkt des Gemeindelebens steht die gottesdienstliche Versammlung. Sie wird aber anders erlebt als in den landeskirchlichen Großgruppen und pietistischen Kleingruppen: Fest und Feier der Gotteskinder, die sich ihres Heils freuen und vergewissern; primär nicht Belehrung oder Bekehrung, sondern gemeinsame Anbetung. Der Kirchensaal samt Altartisch ist einfach schlicht; die Farbe Hell-weiß als Zeichen der Freude dominiert. Träger des Geschehens ist die Gemeinde, nicht der Liturg oder Leiter. Sie ist vielfältig nach *Chören* gegliedert; geordnet auch sonst nach Alter und Geschlecht in Kinder, Jugendliche, Verheiratete und Verwitwete, intensiviert durch Kleingruppen der *Banden*, die sich zu geschwisterlichem Austausch treffen. Diese Dialog-Struktur führt zu einer aktiven Gottesdienstgestaltung in liturgischen Wechselrufen und Litaneien; Stimmung und Spannung sprengen die Form, die Individualität gewinnt Raum. Es ist nur folgerichtig, daß auf die Musik in Gemeindegesang, Sing- und Posaunenchor ein entscheidendes Gewicht fällt: Erregung und Sättigung des religiösen Gefühls. Die Herrnhuter pflegen den Predigtgottesdienst, aber mit vielen Kirchenliedern umrahmt; die Auslegung kann sogar, wie bezeugt ist, durch Singen unterbrochen werden. Ein Höhepunkt ist die monatliche Abendmahlfeier am Samstagabend, und sie wird als Spiegelbild des himmlischen Gottesdienstes der Beterschar vor dem Thron des Lammes erlebt:

Naht heran zu einem Mahle,
das ich im Vollendungssaale
kaum vollkommener vermute;
kommt zu Christi Fleisch und Blute.

Diakone bringen in feierlicher Ruhe Brot und Wein zu den Gemeindegliedern in den Bänken, ein immerwährender Gesang wird angestimmt.
Vor allem ist es die *Singstunde*, die im Lauf der Zeit jeden Tag beschließt: Das musikalisch-liturgische Moment hat das homiletisch-sprachliche überspielt. Locker bunt und ad hoc assoziativ werden Liedverse zu einem Thema aneinandergereiht, eine Art *Lieder-Predigt* aus einem poetischen Mosaik, die sich die Gemeinde selber hält, eine Art *Lieder-Bibel*. Um richtig reagieren zu können, müssen die Gemeindeglieder die Verse auswendig parat haben, wenngleich später auch die strengeren *Liturgien* nach einer gedruckten Ordnung entstehen. In den Worten Zinzendorfs schlägt der Puls herrnhutischer Frömmigkeit: *Es ist ein aparter Geist im Gemeinegesang. Ich habe schon vielmal gesagt: Ich wollte lieber einen halben Gemeinetag auf dem Saal verschlafen als eine Singstunde versäumen oder in einer Liturgie nicht gegenwärtig sein mit meinem Gemüt ... Denn die Lieder sind nichts anderes als die Anwendung dessen, was man einander Tag und Nacht vorredet, wozu wir einander erinnern, die Texte sagen, erklären und auslegen. Dazu sind die Liturgien, die Singstunden, die Wechselgesänge aus dem Herzen heraus das Amen zur Weissagung.* Kein Liedermacher hat so wirklich und wörtlich *aus dem Herzen gesungen* wie dieser fromme Graf. Es gibt keine farbigere Schilderung als Zinzendorfs Zuschrift an den preußischen König: *Der Kantor nimmt die Materie der Reden, die eben gehalten worden, und setzt unterm Singen aus 20, 30 Liedern ganze und halbe Verse zusammen, welche die Materie ordentlich und deutlich vortragen; und darinnen ist Kantor, Organist, Lehrer und Zuhörer so geübt, daß keines innehalten, keines ein Buch aufschlagen darf, welches sich ungesehen nicht demonstrieren läßt. Mein Sohn von zehn Jahren kann, wenn er in den Haus-Singstunden spielet, aus einer Melodie unvermerkt in die andere fallen, daß es niemand weiß, ob die ganze Singstunde express so komponieret ist. Wie das zugehet, weiß ich*

selbst nicht, weil kein Kind zum Auswendiglernen angehalten wird. In den öffentlichen Betstunden aber lasse ich ein gewöhnlich Lied erst vorsagen; nach der Rede aber, wenn keines im Gesang-Buch finde, das ich gern gesungen hätte, und die Materie meiner Rede teils dem Auditorio nochmals einschärfen, teils dem Heilande gebetsweise vortragen kann, so mache ich im Vorsagen ein neues Lied, von dem ich vorher nichts gewußt habe, und das sobald wieder vergessen ist, als es seinen Zweck erreichet ...

Um der Gemeinde das erforderliche Liedgut zugänglich zu machen, muß man Gesangbuch-Ausgaben bereitstellen; Zinzendorf hat es hinlänglich getan. Er beginnt 1725 mit der SAMMLUNG GEISTLICHER UND LIEBLICHER LIEDER, in Leipzig gedruckt und als BERTHELSDORFER GESANGBUCH für den dem Gutsherrn anvertrauten Landstrich bestimmt. Dabei schöpft er die alten und neuen Lieder aus dem hallischen Gesangbuch des J. A. Freylinghausen, das er in seiner Kindheit und Schulzeit benutzt hat. 34 eigene Lieder sind beigegeben, und auch das ist üblich, daß der Landesherr oder Hofgeistliche persönliche Erzeugnisse beisteuert. Die bald folgende 2. Auflage 1726 ist um Anhang und Zugabe vermehrt. Von der ökumenischen Grenzüberschreitung im CHRIST-KATHOLISCHEN SINGE- UND BET-BÜCHLEIN 1727 war schon die Rede. 1731 erscheint die Sammlung in 3. Auflage als MARCHESCHES GESANGBUCH bei dem Verleger Christian Gottfried Marche in Herrnhut und Görlitz. Zinzendorf verfolgt damit eine Absicht, nämlich die erweckten und inspirierten Kreise seiner Zeit durch Lieder zu überzeugen und zu integrieren. In späteren Streitschriften erinnert er sich: *Der Heiland hatte unsere Arbeit unter einigen Separatisten und andern Personen von der Art nicht ungesegnet gelassen ... Meine Vüe* [mein Blick] *ging also darauf, ihnen ein Gesang-Buch zu liefern, worinnen sie nebst ihren auch unsere ihnen unverdächtige, und vielleicht was unter den alten das kernigste, beste und ihnen erträglichste sein möchte, beisammenfinden, sichs anschaffen und darüber nach und nach die drei oder vier in meinen Augen gefährliche Lieder-Bücher aus den Händen geben möchten.* Der Zinzendorfsche Eigenanteil ist auf 147 Nummern angewachsen. Die schwärmerischen Ränder bringen der Sammlung viel Kritik ein.

Mit dem Jahr 1735 beginnt die Reihe der eigentlichen Brüder-Veröffentlichungen: DAS GESANG-BUCH DER GEMEINE IN HERRN-HUT. Zinzendorf begründet den Schritt: ... *Weil uns das Bertheldorfische Gesang-Buch auch nicht mehr recht bräuchlich, das Marchische aber verleidet war, so fingen wir an, auf ein eigenes Gesang-Buch vor die Gemeine zu denken.* Jetzt sind 225 Lieder von ihm gedruckt. Während der weiteren Auflagen von 1737 und 1741 vollzieht sich die eigentliche Liedproduktion in unterschiedlichen ANHÄNGEN, *ein bloßes Magazin von hunderterlei historischen und andern Piecen, eine Privat-Kollektion*, kein offizielles Kirchenbuch. Sie sollen die in den Singstunden neu entstehenden Lieder verbreiten, erproben, filtern. *Man findet also in den Anhängen viele Lieder des Grafen, welche er entweder aus dem Herzen gesungen, oder die er sonst auf gewisse Fälle gemacht hat. Auch sind darinnen viele Lieder von andern Gliedern der Gemeine, alten und jungen beiderlei Geschlechts, zum Andenken behalten worden. Diese sind ungekünstelt und ohne große Meditation aufgesetzt nach Gelegenheit der Umstände* ... (A.G. Spangenberg); manche sind geradezu durch Beauftragung in der Lieder-Werkstatt verfertigt. Bis 1741 sind es acht Anhänge, denen weitere vier folgen. Diese Anhänge und Zusätze sind es vor allem, die den Zorn und Zank der kirchenamtlichen Hymnologen heraufbeschwören, und besonders der 12. Anhang von 1743 mit seinen religiösen Übersteigerungen und sprachlichen Entgleisungen ist Zielscheibe des Spottes und Zündstoff der Polemik. 1749 hat Zinzendorf die abnorme Schwärmerei erkannt, diesen berüchtigten Anhang *selbst kas-*

siert und alle Exemplare davon, deren er habhaft werden konnte, aus der Welt schaffen lassen (A.G. Spangenberg).

An die Stelle der flüchtigen und bedenklichen Gesangbuchentwürfe tritt nun eine planvolle hymnologische Sammeltätigkeit in Kommissionsarbeit: *Er las zu dem Ende mit den Brüdern, die damals um ihn waren, verschiedene Gesangbücher ..., wobei über das Schöne und Schlechte dieses oder jenes Liedes viel geredet wurde* (A.G. Spangenberg). Als Ergebnis erscheint das recht unbekannt gebliebene LONDONER GESANGBUCH: Teil I ETWAS VOM LIEDE MOSIS, DES KNECHTS GOTTES, UND DEM LIEDE DES LAMMES 1753 und Teil II ENTHALTEND ÜBER TAUSEND LIEDER ZUM 18. SECULO AUS DER EVANGELISCHEN BRÜDER-KIRCHE 1754. Teil I ist der erste großartige Versuch, die Lieder historisch aufgebaut anzuordnen, nach der *Signatur der sukzessiven Ökonomien*, nach dem Offenbarungswirken in der Kirchengeschichte. Dem praktischen Gebrauch dienen die beiden Teile des KLEINEN BRÜDERGESANGBUCHS 1754 mit den so blumig-barocken Titeln HIRTEN-LIEDER VON BETHLEHEM – Strophenkompilationen nach einem Druck in Amerika – und DER GESANG DES REIGENS ZU SARON – 18 zusammengesetzte Liturgien der Singstunden samt Anhang, was die Gegner verständnislos als *Verselsingen* karikieren. In diesen Typen des Gesangbuchs hat Zinzendorf sein umfangreiches Liederwerk hinterlassen.

Mit einigen Liedbeispielen sollte man sich gründlicher beschäftigen, und es wird eine abenteuerliche Reise von den letztfixierten Formen zur glutflüssigen Ursubstanz. Im Gegensatz zur Brüdergemeine – in ihrem heutigen Gesangbuch sind Nikolaus Ludwig mit 176, seine beiden Frauen mit je 11 und sein Sohn Christian Renatus mit 10 Nummern vertreten – haben sich verständlicherweise nur einige wenige Lieder im Bewußtsein des allgemeinen Kirchenvolks verankert, aber sie verdeutlichen recht gut den Zinzendorfschen Eigenton.

Das bekannteste ist wohl das Pilgerlied zur Nachfolge JESU, GEH VORAN (EKG 274). Es fußt auf zwei Gedichten des Jahres 1721. Im Mai schreibt er anläßlich eines Besuchs bei seiner Mutter in Berlin die *Morgen-Gedanken* GLANZ DER EWIGKEIT,/ GOTT UND HERR DER ZEIT nieder, und hier sind diese Strophen zu finden:

Richte unser Herz / zeitlich himmelwärts,
daß die Zeichen dieser Zeiten
uns zur letzten Zeit bereiten;
richte unsern Sinn / auf das Ende hin. (Str. 9)

Solls uns harte gehn,/ laß uns feste stehn,
und sogar in schweren Tagen
niemals über Lasten klagen;
denn das ist der Weg / zu der Sternen Steg. (Str. 11)

Hilf uns dahinan / auf der Bundes-Bahn;
laß uns durch dein nächtlich Leiden
aus der Nacht der Erden scheiden,
und durch deinen Krieg,/ Jesu, gib uns Sieg. (Str. 14)

Und in SEELENBRÄUTIGAM,/ O DU GOTTESLAMM vom September, dem Liedanfang von Adam Drese nachgebildet, lesen wir unter den elf Strophen:

Rührt mein eigen Herz / Kreuz und schwerer Schmerz,
kümmert mich ein fremdes Leiden,
gib Geduld zu allen beiden;
richte meinen Sinn / auf das Ende hin. (Str. 4)

Jesu, geh voran / nach der Lebens-Bahn,
und ich will mich nicht verweilen,
ohne Rast dir nachzueilen;
nimm mich bei der Hand / weg zum Vaterland. (Str. 10)

Ordne meinen Gang,/ Liebster, lebenslang.
Führst du mich durch trockne Wüsten,
schenke mir aus deinen Brüsten;
tu mir nach dem Lauf / eine Türe auf. (Str. 11)

Schon Zinzendorf selbst stellt aus beiden Gelegenheitsgedichten ein geistliches Lied mit der jetzigen Anfangsstrophe zusammen; aber erst Christian Gregor hat das gemeindliche Wir vervollständigt und die schwülstigen Termini zurechtgebogen, wie es uns heute geläufig ist. Ein seltsames Phänomen: Alle Gemeindelieder Zinzendorfs haben wir nur in redaktioneller Übermalung der späteren Zeit! Dieser Christian Gregor, 1723 als Bauernbub in Schlesien geboren, erhält in Herrnhut seine musikalische Ausbildung und wird dort Organist und Direktor der *Gemein-Musik*; mit den Gepflogenheiten des brüderlichen Singens ist er also bestens vertraut. Später wird er Diakonus und nach den Besuchen der Niederlassungen in Nordamerika und an der Wolga 1792 bis zu seinem Tod 1801 Bischof an der Spitze der Brüderunität. Er, der *Asaph Herrnhuts*, erhält für das Brüdergesangbuch von 1778 den Auftrag, die extravaganten Verse des Grafen in eine besser brauchbare und schon bekannte Gemeindeform zu bringen. Er nimmt dazu die atomisierten und aktualisierten Liedertrümmer aus den Singstunden-Büchern auf, forstet die recht zufälligen Gelegenheitsgedichte nach unvergänglichen Perlen durch, bessert die improvisierten und eruptiven Herzensergüsse nach und setzt wie in einem Puzzle aus Bruchstücken neue praktikable Gemeindelieder zusammen. Wo er die Nähte nicht mit Zinzendorfschen Wortfetzen flicken kann, nimmt er – als leitender Bruder natürlich ein gewandter Dichter – selbsterfundene Verse. (In vielen Gesangbüchern sind seine beiden Meisterlieder ACH MEIN HERR JESU, WENN ICH DICH NICHT HÄTTE EKG WÜ 420 und ACH MEIN HERR

Jesu, dein Nahesein / bringt grossen Frieden ins Herz hinein EKG WÜ 514 überliefert.) Bis heute wird statt eines Liederregisters ein Versregister angefügt. Man mag bedauern, daß viel ursprünglicher Glanz der Genialität, viel eigenwilliges Profil verlorengegangen ist, und schon Johann Kaspar Lavater hat es 1790 empfunden: *Sie machen seine* [Zinzendorfs] *Denkensart plausibler, schleifen die scharfen Ecken ab und assimilieren den originellen Mann dadurch dem unoriginellen Geschmacke des Zeitalters. Ach lieber Gott!* Aber ohne die grundlegende und im ganzen gelungene Transformation hätte Zinzendorfs Liederkunst keine Überlebenschance gehabt; zu sehr versperren skurrile Absonderlichkeit, phantastisch Wucherndes und künstlerisch Spielerisches, auch Unreifes oder Überreifes den Gebrauch.

Das Pilgerlied kann zum Streiterlied werden, wenn es in eine kämpferische Situation fällt: Der Glaube bricht durch Stahl und Stein 1726 (EKG WÜ 501). Aus dem Geist des Spruches *Ich statuiere kein Christentum ohne Gemeinschaft!* lebt das Lied Herz und Herz vereint zusammen (EKG 217). Der *Vier-Brüderbund* beschäftigt sich 1723 mit den Abschiedsreden Jesu aus dem Johannes-Evangelium; so entsteht Zinzendorfs poetischer Reflex Die letzten Reden unsers Herrn und Heilandes Jesu Christi vor seinem Kreuzestode..., 1725 gedruckt. Aus dieser umfänglichen Dichtung hat er selbst insgesamt 13 Gemeindelieder herausgeschnitten, darunter auch die berühmte Strophe Herr, dein Wort, die edle Gabe (EKG WÜ 436) und unser Lied. Im Original lautet die Eingangsstrophe:

> Herz und Herz vereint zusammen
> sucht in Gottes Herzen Ruh,
> keusche Liebes-Geistes-Flammen
> lodern auf das Lämmlein zu,

das vor jenes Alten Throne
in der Blut-Rubinen-Pracht
und in seiner Unschuldskrone
liebliche Parade macht. (Teil II, Str. 53)

In den Gesangbuch-Ausgaben aber ist die Schlußzeile schon variiert: ... *sich den Seinen herrlich macht* (1735) oder ... *sich im Leiden herrlich macht* (1753). Gregor hält jedoch den ganzen zweiten Teil der Strophe für zu kühn oder anstößig und wählt statt dessen den entsprechenden Teil von Str. 54:

... Er das Haupt, wir seine Glieder,
er das Licht, und wir der Schein;
bringt er Kanaan herwieder,
ei, so nehmen wir es ein.

Daß er dann weiter korrigiert, ist leicht zu erkennen. So müßte man jede Liedstrophe auf ihren Urzustand zurückverfolgen.

Durch alle Lieder, die Zinzendorf singt, zieht sich wie ein roter Faden die glühende Jesusliebe. Sie treibt ihn zur Aktivität, *um das Lamm zu inthronisieren*, und sie konzentriert sich fast ausschließlich auf die Liebe zum Gekreuzigten. Gleichsam sein Programm ist die *Aufrichtige Erklärung, wie's ihm ums Herz ist,* die er zu seiner Ordination 1734 in Tübingen drukken läßt:

Du unser auserwähltes Haupt,
an welches unsre Seele glaubt:
Laß uns in deiner Nägel Mal
erblicken die Genaden-Wahl,
und durch der aufgespaltnen Seite Bahn
führ unsre Seelen aus und durch und an.

Dies ist das wundervolle Ding:
Erst dünkt's für Kinder zu gering,

und dann zerglaubt ein Mann sich dran
und stirbt wohl, eh er's glauben kann.
Es sind die Sephiroth am gläsern Meer,
es ist das Schibboleth vom kleinen Heer.

Solange eine Menschheit ist,
solange Jesus bleibt der Christ,
so bleibet dies das A und O
vom ganzen Evangelio,
und daß dasselbige die Weisheit ist,
das wißt ihr alle, die ihr Wahrheit wißt. (Str. 1–3)

Aus dieser *Blut-und-Wunden-Theologie* formt er das Lied CHRISTI BLUT UND GERECHTIGKEIT,/ DAS IST MEIN SCHMUCK UND EHRENKLEID (EKG 273). Die Startstrophe ist im 17. Jahrhundert weit verbreitet. Gern und oft zitiert Zinzendorf bekannte Reminiszenzen, die ihm im Gedächtnis haften. Und ein solcher Erinnerungsblitz regt seinen schöpferischen Geist an, im Anschluß daran seine eigenen Gedanken zu improvisieren und zu exegesieren. Hier geschieht es auf der Rückreise von der Missionsniederlassung St. Thomas auf einer kleinen Antilleninsel in einem 33 Strophen umfassenden Gedicht. Er nimmt es sogleich in den 8. Anhang auf, dessen Vorrede er während der Seereise fertigstellt: *Geschrieben am Bord des Schiffes Aletta auf der Höhe von Uschant am 16. April 1739* – wunderlich sind Erlebnis und Lied verknüpft! Auch hier hat Gregor eingegriffen, sogar mit eigenen Strophen. Wichtig aber sind die bekenntnishaften Worte des Grafen:

Ich glaube, daß sein teures Blut
das allerunschätzbare Gut,
und daß es Gottes Schätze füllt
und ewig in dem Himmel gilt. (Str.8)

Ich glaube, daß der Ewigkeit
ihr unnachläßliches Geleit,
da nichts Verdammlichs kommt vorbei,
für jede Seel bezahlet sei. (Str. 11)

Und wenn ich durch des Herrn Verdienst
noch so treu werd in seinem Dienst,
und gewinn allem Bösen ab
und sündge nicht mehr bis ins Grab: (Str. 14)

So will ich, wann ich zu euch komm,
nicht denken mehr an gut noch fromm,
sondern: Da kommt ein Sünder her,
der gern fürs Lösgeld drinnen wär. (Str. 15)

Noch einmal variiert Zinzendorf die Eingangsstrophe zur Einweihung des Kirchensaals in Herrnhaag 1740:

Christi Blut und Gerechtigkeit
sei dieses Hauses Herrlichkeit,
damit soll es vor Gott bestehn,
und die Gemeinen sollen's sehn.

*

Obwohl der Graf verantwortlicher weltlicher und geistlicher Herr Herrnhuts ist und in freiwilliger Bescheidenheit bedürfnislos im Herrschaftshaus residiert, verlangt es ihn mächtig, anderwärts das *Reich des Fürsten* auszubreiten. Er reist in einem Maß, daß es gar nicht mehr aufzunotieren ist: mit Hofhaltung, mit Pilgerbrüdern oder allein, vierspännig mit der Postkutsche, zu Pferd oder zu Fuß. Mit seinen geknüpften Kontakten bereitet er den Weg für die Zeugendienste und *Botengänge* seiner Brüder. Der europäische Kontinent wird abgetastet: Sie gelangen über Holland nach England, über Württemberg und die Schweiz zu den südfranzösischen Waldensern, über Dänemark nach Lappland und über Ostpreußen bis tief ins Baltikum. Der Gesichtskreis weitet sich: *Bruder sein und das Werk der Heidenmission zu fördern, ist ein und dasselbe!* In Kopenhagen, wo er sich ein letztes Mal, aber vergebens um ein Staatsamt bewirbt, hört er Berichte von rechtlosen und mißhandelten Negersklaven in den dänischen Kolonien und entsendet 1732 Leonhard Dober und David Nitschmann nach St. Thomas im Karibischen Meer. Fast gleichzeitig beginnt die Arbeit im Rahmen der Nordischen Mission bei den Eskimos in Grönland; zu nordamerikanischen Auswanderern werden Verbindungen aufgebaut. Er beseelt die Brüder mit seinem Geist: *einfach liebhaben!* Welch eine Kühnheit: Die kleinste Kirche von 600 Seelen, Anhängsel des lutherischen Schloß-Kirchspiels Berthelsdorf, schickt ihre Leute bis an die äußersten Grenzen der bekannten Welt – größtes missionarisches Potential des ganzen Jahrhunderts.

Da Zinzendorf der Staatsdienst wohl endgültig verbaut scheint, bemüht er sich um die geistliche Legitimation. Die hochangesehene Tübinger Fakultät stellt 1733 nach strenger Prüfung fest, daß Herrnhut in Kirchenzucht und Gemeindeverfassung im Rahmen der lutherischen Kirche geblieben sei; das verschafft ihm Rückhalt und Spielraum. Incognito legt er vor dem Pastorenkollegium in Stralsund 1734 ein glänzend bestandenes Rechtgläubigkeitsexamen ab. Die Tübinger Professoren verleihen ihm die Würde eines Doktors der Theologie. Nach der Predigt auf der Kanzel der Stiftskirche beschreibt er seiner Frau den Übergang in den geistlichen Stand: *Ich trug seiner Majestät Gnadenzeichen ... auf der Brust am kleinen Ordensband unter dem Beffchen. Ich behalte meine Gewissensfreiheit, es stimmt mit meinem innerlichen Ruf überein, es ist meinem bisherigen Lebenswandel gemäß*. In Berlin läßt er sich 1737 durch den Oberhofprediger Daniel Ernst Jablonski zum Bischof der mährischen Brüderkirche weihen und von diesem Enkel des letzten Brüderbischofs Johann Amos Comenius das uralte Amt übertragen; nun ist er bevollmächtigt, Taufe und Abendmahl zu spenden und die Brüder zu Missionaren zu ordinieren. Den Winter 1738 verlebt er in Berlin. Er gewinnt das Ohr des mißtrauischen Soldatenkönigs Friedrich Wilhelm I., und mit den BERLINER REDEN bei seinen Hausandachten erreicht er gegen 500 Personen: Generäle und Gelehrte, Handwerker und Bürger, Studenten und Exulanten. Nach manchen religiösen Schattierungen hat er sich als eigenwilliger, aber lernbereiter Schüler Luthers verstanden.

Indessen wächst der Widerstand. Die staatliche Opposition: Kaiser Karl VI. beschwert sich am kursächsischen Hof, daß der Reichsgraf leibeigene Untertanen aus den habsburgischen Landen weglocke. Trotzdem unterstützt er die vertriebenen evangelischen Salzburger, und es gelingt ihm, 200 verfolgte mährische Flüchtlinge an den Aufpassern vorbeizuschleusen. Die kirchliche Opposition: Er wirbt für seine Sache an der Universität Jena, in der Grafschaft Büdingen nimmt er Kontakt mit inspirierten Gemeinden auf, er stützt jüdische Familien im Ghetto von Frankfurt. Die rechtgläubigen Theologen sind alarmiert, immer häufiger muß er sich verteidigen. Dort in der Wetterau, diesem Sektenwinkel rund um den hessischen Vogelsberg, findet er Freunde. Als er 1736 mit seiner Familie und Hofhaltung Kursachsen unverzüglich und *unauffällig* verlassen muß, läßt er sich auf der halb verfallenen Ronneburg nieder und beginnt noch einmal mit Siedlungsgründungen: Herrnhaag mit viel reformiertem Adel, Marienborn mit der bürgerlichen *Pilgergemeine*.

Der Radius seiner Reisen vergrößert sich. Es trifft die

schreckliche Nachricht vom großen Sterben auf der westindischen Insel St. Croix ein; auch die Herrnhuter Aussiedler seien bis auf wenige dem Fieber erlegen. Im Spätherbst 1738 fährt er per Segelschiff mit zwei ausziehenden Brüdern nach St. Thomas, vielleicht auf Nimmerwiedersehen. Was seine Ehefrau bewegt – alle Glieder der gräflichen Familie dichten und singen! –, entnehmen wir ihrem poetischen *Geleit-Brief:*

Sollst du nun Botschaft gehn,
ists unsers Herren Wille?
So will ich in der Stille
inzwischen für dich flehn,
daß, weil er dir befohlen,
ihm Kinder herzuholen,
er alles laß geschehn,
was er dadurch ersehn. (Str. 1)

Mein Herze gehet mit;
wir sind in ihm verbunden.
Es bleibt zu allen Stunden
die allgemeine Bitt
um Fortgang seines Segens
daheim und unterwegens,
und daß der Heiland mit
soll ziehn von Schritt zu Schritt. (Str. 3)

Der Herzog übers Heer,
der Hirte seiner Herde,
der König seiner Erde,
der Herrscher auf dem Meer
führ dich durch Wind und Wellen
mit deinen Kampf-Gesellen
in Gnade hin und her
als seinen Wanderer. (Str. 7)

Zinzendorf landet im rechten Augenblick: *Meine Brüder und Schwestern habe ich als Gefangene von drei Monaten gefunden, als ich nach St. Thomas kam oder vielmehr daselbst wie ein Donner auf dem Kastell einschlug.* Die gewinngierigen Kolonialeuropäer hatten Negeraufstände brutal niedergeschlagen und die Herrnhuter, die sich für die Sklaven einsetzten, einfach liquidiert. Das Ansehen des Reichsgrafen vermag die Verwicklungen zu entwirren und der Missionsarbeit unter den Schwarzen neuen Rückhalt zu geben. *Krank, das karibische Gift* [Malaria] *in den Gliedern, den Körper mit Geschwüren bedeckt,* kehrt er zurück. Noch einmal rüstet er sich 1741 für Übersee: *Ein Prophet hat seine Pfarre in der ganzen Welt*, sagt er bei der Abschiedsrede in Holland; seine 17jährige Tochter Benigna begleitet ihn. Ziel ist die Quäkerkolonie Pennsylvania; und sein Christus-Auftrag: versöhnend die Konfessionshändel zu schlichten und belebend den Herzensglauben zu bezeugen, beides vornehmlich unter den oft kümmerlich dahinvegetierenden deutschen Siedlern. Gleichsam ein poetisches Tagebuch begleitet die Erlebnisse. In den Stürmen der Überfahrt dichtet er VOLK GOTTES AUS DER HÖH:

Dies ist die erste Reis',
die auf des Lamms Geheiß,
seit es Ält'ster worden,
tut nach der Väter Weis'
ein Volk aus deinem Orden;
ach, ein kleines Heer / träget seine Ehr
übers große Meer! (Str. 2)

Wir schweben also hier
in mancherlei Revier,
oft mit stillem Winde
und denn, so ruhen wir;
zuweilen gehts geschwinde:

Aber Luft und Wind / und ein Glaubenskind
harmoniert geschwind. (Str. 11)

Ach Brüder, weichet gern
dem Vater unsers Herrn!
Er schickt seines Kindes
geliebte Karawan'
auf Fittichen des Windes,
schickt sein Heer voran,/ bis ein jeder Plan
ist in Gott getan. (Str. 15)

Weihnachten 1741 verbringt er in einer Blockhütte, und wegen der unvergessenen Christnacht wird der Ort Bethlehem getauft: GLÜCKSELGER IST UNS DOCH KEINE NACHT,/ ALS DIE UNS DAS WUNDERKIND HAT GEBRACHT. Mit viel Geschick und Geduld versucht er, die verfeindeten Kirchentümer in sieben Konferenzen zu einer *Gemeine Gottes im Geist* zusammenzuführen; letztlich aber läßt er nur die beiden Brüdersiedlungen Bethlehem und Nazareth gestärkt zurück. In drei abenteuerlichen und strapaziösen Reisen durch Urwälder, Prärien und reißende Flüsse bricht er zu den Indianern auf. In Kanada singt er CHRISTI KRIPPSCHAFT,/ SÜNDER SIPPSCHAFT. Mit knapper Not entgeht er einem Mordanschlag in Wajomik im Gebiet der wilden Schawanos-Indianer, er aber spricht vom Segen: WIR DENKEN AN DIE HIRTENTREU. Die unter unsäglichen Opfern gesammelten indianischen Christengemeinden werden hernach in den Vernichtungskämpfen zwischen den Kolonisten und den Indianerstämmen von beiden Seiten schonungslos aufgerieben. Der Erfolg der langen Reise ist die Erkenntnis: Die Neue Welt braucht und ermöglicht andere christliche Lebensformen als die europäischen Staats- und Pastorenkirchen.

Als Zinzendorf 1743 von Amerika zurückkehrt, hat sich die geistliche Landschaft verändert: Friedrich der Große erkennt die Brüderkirche in seiner neuen Provinz Schlesien als freie Religionsgemeinschaft an. Der Graf grollt zuerst; er hatte seine Arbeit immer als inner- oder zwischenkirchliche Erneuerungsbewegung verstanden. Das Weihnachtsfest 1743 erlebt er als Gefangener in der Zitadelle von Riga und anschließend wird er aus Rußland ausgewiesen – Erfolg und Mißerfolg liegen im Leben dieses Streiters Christi eng beieinander.

Gefährlicher sind die inneren Umwälzungen. In den Brüdersiedlungen der Wetterau schieben sich, nicht ohne sein Zutun, schwärmerische Elemente in den Vordergrund; *Sichtungszeit* nennt man später dieses Jahrzehnt. Eine neue vorromantische Sehnsucht, von der Jugend geprägt: ungezwungen, spielerisch, kindlich-naiv zu sein. Rokoko ins Kultische transponiert, um so den allvernünftigen Rationalismus wie den gesetzlichen Pietismus zu überwinden. Der Karfreitag wird mit Illuminationen gefeiert; immer graziöser werden die Kantaten auf geistliche Minnetexte, immer bizarrer die Dekorationen der Verkündigungsspiele. Man betet liegend, ekstatische Zustände treten auf. Die *Blut-und-Wunden-Lehre* und der Kult der *Seitenhöhle Jesu* derb-realistisch verstanden – eine *hingewagte* Theologie, kühn und kindisch zugleich! Die Sprache, fast schon ein Geheimcode der Gemeine, klingt verniedlicht, manchmal bewußt lächerlich und in überspannten Wortspielereien und albernen Stilblüten letztlich peinlich. Der Geist spricht sich eruptiv und expressionistisch fast wie bei einer Glossolalie aus. Man traut sich kaum ein Beispiel zu nennen:

So immer seit-wärts-schielerisch,
so seiten-heimweh-fühlerisch,
so Lamm-herz-gruft-durchkriecherlich,
so Lamms-schweiß-spur-beriecherlich ...

soll uns das Lamm erhalten
bis zum Kuß seiner Spalten.

Ende 1748, als Zinzendorf gerade von Holland nach England übersetzen will, wird er von der Gefährlichkeit der Krise in Kenntnis gesetzt. Er will sie erst nicht wahrhaben, dann aber schreibt er einen Strafbrief nach Herrnhaag, in dem er den Gebrauch der verspielten Wörter wie *Seitenhöhlchen* untersagt: sie seien *schon überjährt und zum Gewäsch geworden.* Seinen Sohn Christian Renatus, leitender Bruder und phantasievoller Gestalter, ruft er barsch zu sich nach London. Auch der Ort des geistlich-geistlosen Treibens verschwindet wie ein Spuk: Nach einem Zerwürfnis mit der Isenburg-Büdingschen Herrschaft um 1750 verteilen sich die Brüderfamilien gen Westen ins Rheinland und nach Amerika, gen Osten nach Schlesien und in die Oberlausitz, wo ihnen die kursächsische Regierung wieder die Freiheit von Wohnung, Rede und Versammlung zugestanden hat. Der Graf pachtet Amt und Schloß Barby an der Elbe und bringt dort seine brüdereigene Akademie unter.

Nach der letzten großen Reise hat Zinzendorf das Gefühl, daß er *zum Dirigieren alle Gabe verloren habe … Die Gemeinen untereinander sind geistliche Eid-Genossen, ihre Synodi die Tagsatzungen, darauf die Generalsachen ausgemacht werden. In Spezial-Sachen ist jede Gemeine souverän.* Die Gemeinschaft hat genügend Brüder, die zur Verantwortung bereit und befähigt sind. Ihn zieht es nach England als Stätte einer wachsenden demokratischen Toleranz und als Mittelpunkt einer erstarkenden Kolonialmacht, die der Reich-Gottes-Arbeit förderlich sein könnte. So bleibt er von 1749 bis 1755 in London. Er kauft sich das repräsentative Lindsey-House; an der Terrasse zur Themse können die Boote der Besucher direkt ankern. Der Graf und die Brüder haben teil an einer Erweckungswelle:

John Wesley wird erfaßt; später trennt er sich und gründet die weltweite Methodistenkirche, nicht ohne Zinzendorfsche Modelle zu übernehmen, etwa den Sound des geistlichen Singens.

1752 stirbt der sensible, musisch hochbegabte, vielgeliebte Christian Renatus mit 25 Jahren an Lungenschwindsucht, der letzte von zwölf Kindern übriggebliebene Sohn. Er hatte das Motto ausgesprochen, das immer dem Vater zugeschrieben wird:

> Geschwister, ihr erlaubt mir schon,
> daß ich mich kurz erklär':
> Ich hab nur eine Passion,
> und die ist er, nur er!

Und mit der letzten Strophe seines Liedes MARTER GOTTES, WER KANN DEIN VERGESSEN? hat er den bündigsten und brüderlichsten Ausdruck herrnhutischer Frömmigkeit gefunden:

> Die wir uns allhier beisammen finden,
> schlagen unsre Hände ein,
> uns auf deine Marter zu verbinden,
> dir auf ewig treu zu sein.
> Und zum Zeichen, daß dies Lobgetöne
> deinem Herzen angenehm und schöne,
> sage: Amen! und zugleich:
> Friede, Friede sei mit euch! (vgl. EKG WÜ 467)

Der Vater tröstet sich im Verlust: *In dem Schmerz wird was geboren, wenn man sich in der Stille fein ausweint vor dem Heiland, vor den Leuten aber schweigt ...*

1755 kehrt der Graf zu seinem Ausgangspunkt zurück. In Herrnhut sieht er korrigierend seine zahllosen Veröffent-

lichungen durch, 20000 Druckseiten, und manchmal bekümmert es ihn, daß er früher oft unbekümmert und unbedacht gesprochen hat; aber er hat auf diese Weise das starre Korsett der Schultheologie gesprengt, und das sollte ihm nicht leid tun. 1756 stirbt seine treue und tapfere Lebensgefährtin nach langem Siechtum. Im Gedanken an seinen Sohn sagt er von ihr: *Ich habe ihm die unzähligen Liturgien nicht gehalten, die ich meiner lieben Gräfin schon gehalten habe und halten werde. Das sind aber persönliche Konnexionen* [Verbindungen]. Im Jahr darauf vermählt er sich auf dem Berthelsdorfer Schloß mit Anna Nitschmann, einer Bürgerlichen, die als Kind mit den ersten Einwanderern nach Herrnhut gekommen war und als Leiterin der weiblichen Jugend, Helferin der gräflichen Kinder, Missionarin in Nordamerika schon lange zum engsten Mitarbeiterstab zählte; nicht von allen Brüdern wird dieser Schritt einer *Amtsehe* verstanden.
1760 im Alter von 60 Jahren stirbt Zinzendorf, der fromme Graf, den man den *Fürsten Gottes* nannte. Den Gemeinen wird sein Abscheiden mit Worten angezeigt, die seine Bedeutung zu umschreiben versuchen: *Diese Krone seines Brüder-Volkes, diesen Zeugen seines Todes und blutigen Verdienstes, diesen Restaurator der Brüderkirche ..., diesen Apostel so mancher Nation der Erde, auch unter den Heiden, diesen Stifter der Dörfer des Herrn, diesen Diener der ganzen Christenheit und der Diaspora, dieses treue Herz für eine jede arme und verlegene Seele, diesen Menschenfreund, dem es eine Fürstenlust war, Gutes zu tun, hat unser lieber Herr ... heimgeholt.* Zwölf Tage später stirbt Anna Nitschmann, der man auf der anderen Seite neben dem Grafen ihr Grab gibt.

Ein ungewöhnlicher Mensch, eine ausgesprochene Führernatur mit intellektueller Redlichkeit, emotionaler Tiefe und staunenswerter Tatkraft; ein Genie des Herzens. Vorurteilsfrei und tolerant will er die konfliktreichen Konfessionen versöhnen und den aufgeklärten Zeitgenossen die freie, freudige Glaubenswirklichkeit vorleben; unkonventionell setzt er sich über alle Schranken hinweg. Viele hat er abgestoßen, Ungläubige wie Fromme; Suchende wie Enttäuschte aber hat er aufhorchen lassen und die schlichten Brüder zu einem unpathetischen Heldentum im Dienst der Sache Gottes entflammt – Wegbereiter der umfassenden Weltmission, Initiator der ökumenischen Idee. Im Wort experimentierfreudig bis zur Absurdität, konkret bis zur Grenze des Erträglichen; er liebt sprühende Gedanken und bizzare Effekte, theologische Extravaganzen eingerechnet. Nicht selten opfert er die Form der Wirkung des Augenblicks, und so stellt sich das unerschöpfliche Liederwerk als eine merkwürdige Mixtur aus gläubig plaudernder Reimerei und frappierend treffsicheren Einfällen dar. Wie auch immer: Für die singende Christenheit sind Zinzendorfs Töne unüberhörbar und unverzichtbar.

Übergreifende Literatur

Eduard Emil Koch, Geschichte des Kirchenlieds und Kirchengesangs der christlichen, insbesondere der deutschen evangelischen Kirche, 3. Aufl. Stuttgart 1866ff. – 8 Bände

Albert Fischer / Wilhelm Tümpel, Das deutsche evangelische Kirchenlied des 17. Jahrhunderts, Gütersloh 1904ff. – 6 Bände

Wilhelm Nelle, Geschichte des deutschen evangelischen Kirchenliedes, 3. Aufl. Leipzig / Hamburg 1928 (Nachdruck Hildesheim 1962)

Paul Dorsch, Das deutsche evangelische Kirchenlied in Geschichtsbildern, Stuttgart 1928

Paul Gabriel, Das deutsche evangelische Kirchenlied, Leipzig 1935, 2. Aufl. Berlin 1951

Rudolf Alexander Schröder, Dichtung und Dichter der Kirche, Witten / Berlin 1936, 2. Aufl. 1964

Musik in Geschichte und Gegenwart (Hg. Friedrich Blume), Kassel 1949ff. – 16 Bände und Supplemente

Friedrich Wilhelm Bautz, Einiges aus dem Leben und den Liedern der Kreuzträger: Schwing dich auf zu deinem Gott – Von Gott will ich nicht lassen – Ein Christ kann ohne Kreuz nicht sein, Baden-Baden 1952 – 3 Bände

Christhard Mahrenholz / Oskar Söhngen (Hg.), Handbuch zum EKG, Göttingen 1953ff.

- I/1 Wort- und Sachkonkordanz, 1953
- I/2 Die biblischen Quellen der Lieder (Rudolf Köhler), 1965
- II/1 Lebensbilder der Liederdichter und Melodisten, 1957
- II/2 Geschichte des Kirchenliedes (Paul Gabriel); Geschichte der Melodien (Walter Blankenburg), 1957
- III/1 Liederkunde (Hg. Eberhard Weismann), 1970
- III/2 Liederkunde 2. Teil (Hg. Joachim Stalmann) 1990
- Sonderband: Die Lieder unserer Kirche (Johannes Kulp, Arno Büchner, Siegfried Fornaçon), 1958

Jahrbuch für Liturgik und Hymnologie (Hg. Konrad Ameln, Christhard Mahrenholz, Karl Ferdinand Müller), Kassel 1955ff.

Religion in Geschichte und Gegenwart (Hg. Kurt Galling), 3. Aufl. Tübingen 1957ff. – 5 Bände und Register

Jörg ERB, Dichter und Sänger des Kirchenliedes, Lahr-Dinglingen 1970ff. – 4 Bände

Theologische Realenzyklopädie (Hg. Gerhard Krause, Gerhard Müller), Berlin 1977ff.

Neuere spezielle Literatur

Gerhardt

Kurt IHLENFELD, Huldigung für Paul Gerhardt, Berlin 1956

Karl HESSELBACHER, Paul Gerhardt. Sein Leben – seine Lieder (Hg. Siegfried Heinzelmann), 2. Aufl. Neuffen 1969

Albrecht GOES, Ein Winter mit Paul Gerhardt, Neukirchen–Vluyn 1976

Gerhard RÖDDING, Paul Gerhardt, Gütersloh 1981

Rist

Johann RIST / Johann SCHOP, Himmlische Lieder, Faksimile-Ausgabe Hildesheim 1976

Scheffler

Hans-Joachim PAGEL, Angelus Silesius. Dichter der christlichen Gemeinde, Stuttgart 1985

Neander

Helmut ACKERMANN, Joachim Neander. Sein Leben – seine Lieder – sein Tal, Düsseldorf 1980

Joachim NEANDER, Bundeslieder und Dankpsalmen von 1680. Historisch-praktische Ausgabe von Oskar Gottlieb Blarr, Köln 1984

Tersteegen

Reinhard DEICHGRÄBER, Gott ist genug. Liedmeditationen nach Gerhard Tersteegen, Göttingen 1975

Arno PAGEL, Gerhard Tersteegen: »Mein Vaterland heißt Ewigkeit«, 5. Aufl. Gießen 1986

Zinzendorf

Erich BEYREUTHER, N. L. von Zinzendorf in Selbstzeugnissen und Bilddokumenten. Rowohlts Monographien, Hamburg 1965

Erich BEYREUTHER/Gerhard MEYER/Dietrich MEYER/Gudrun MEYER-HICKEL (Hg.), N. L. von Zinzendorf. Materialien und Dokumente Reihe 4. Faksimile-Nachdrucke, Hildesheim 1977ff.

Helmut BINTZ, N. L. von Zinzendorf. Dichter der christlichen Gemeinde, Stuttgart 1979

Die weiteren Bände der LIEDERMACHER IM GESANGBUCH

Band 1: Martin Luther, Ambrosius Blarer, Nikolaus Herman, Philipp Nicolai, Johann Heermann

Band 3: Christian Fürchtegott Gellert, Ernst Moritz Arndt, Albert Knapp, Otto Riethmüller, Jochen Klepper und ein Epilog